新商智汇·新商科
创新与实践丛书

# 互联网供应链金融
# 运营模式与风险管理研究

HULIANWANG GONGYINGLIAN JINRONG
YUNYING MOSHI YU FENGXIAN GUANLI YANJIU

李晓春　著

知识产权出版社
全国百佳图书出版单位
—北京—

**图书在版编目（CIP）数据**

互联网供应链金融运营模式与风险管理研究/李晓春著. —北京：知识产权出版社，2025. 6. —(新商智汇·新商科创新与实践丛书). —ISBN 978-7-5130-9981-3

Ⅰ. F252. 2-39

中国国家版本馆 CIP 数据核字第 202550MM94 号

**内容提要**

本书基于大数据技术，提出了基于大数据的互联网供应链金融运营模式，建立了包含智能征信评估、动态风险预警的多维度风险控制体系，设计了贷前、贷中风险控制模型及企业征信评判方法；探讨了区块链、物联网和人工智能决策支持等技术在供应链金融中的应用场景，形成了技术赋能下的风险管理和监管机制，为破解中小微企业融资瓶颈、推动供应链金融数字化转型提供了系统性解决方案与实践路径。

**责任编辑**：韩　冰　　　**责任校对**：谷　洋

**封面设计**：智兴设计室·索晓青　　　**责任印制**：孙婷婷

新商智汇·新商科创新与实践丛书

**互联网供应链金融运营模式与风险管理研究**

李晓春　著

| | | | |
|---|---|---|---|
| **出版发行**： | 知识产权出版社有限责任公司 | **网　　址**： | http://www.ipph.cn |
| **社　　址**： | 北京市海淀区气象路 50 号院 | **邮　　编**： | 100081 |
| **责编电话**： | 010-82000860 转 8126 | **责编邮箱**： | 83930393@qq.com |
| **发行电话**： | 010-82000860 转 8101/8102 | **发行传真**： | 010-82000893/82005070/82000270 |
| **印　　刷**： | 北京中献拓方科技发展有限公司 | **经　　销**： | 新华书店、各大网上书店及相关专业书店 |
| **开　　本**： | 720mm×1000mm　1/16 | **印　　张**： | 14.25 |
| **版　　次**： | 2025 年 6 月第 1 版 | **印　　次**： | 2025 年 6 月第 1 次印刷 |
| **字　　数**： | 184 千字 | **定　　价**： | 98.00 元 |

ISBN 978-7-5130-9981-3

# 前　言

PREFACE

信息流、物流、资金流、商流是供应链管理中的四大核心流程。在2008—2009年全球供应链危机之前，由于高流动性资本市场，企业积极管理供应链运营资本的需求较小。在金融危机期间，信贷紧缩对中小企业影响较大，导致许多供应商破产，并威胁到供应链的稳定。数字化的发展产生了海量的中小微企业，而这些中小微企业的金融问题也成为企业及社会关注的问题。企业开始与供应链协作伙伴和金融机构开展合作，寻求先进的供应链金融方法。如何利用互联网技术、数字技术发展互联网供应链金融、数字供应链金融，满足中小微企业的金融需求，对以主体信用为核心的传统金融理论体系提出了挑战。

供应链金融（Supply Chain Finance），其目标是使资金流与供应链中的物流和信息流保持一致，从供应链的角度改善现金流管理，为供应链业务提供保持运营所需的周转资金，提高供应链企业的财务效率，有效缓解全球供应链因资金困境造成的供应链不稳定以及经济不稳定。近年来，供应链金融融资方案备受企业关注，许多企业使用供应链融资作为风险缓解工具。随着互联网的颠覆性应用和创新，供应链金融朝着互联网的方向发展，即互联网供应链金融，供应链上的主体变得多样化，从金融机构、核心企业到上下游的中小企业、个人以及物流企业，都是供应链金融的参与者。

本书首先对互联网金融、互联网供应链金融的发展现状及相关运营模式进行了分析，提出大数据支持下的互联网供应链金融运营模式（The Internet Supply Chain Financial Operation Mode Based on Big Data，ISCFBD），基于互联网平台，面向中小微企业融资。在此基础上，本书分析了互联网供应链金融风险控制因素、相关的风险控制技术，结合互联网与供应链金融的特点，设计相关的贷前风险控制模型、贷中风险控制模型；界定了大数据获取源，分析了各模型所需的指标及相关处理方法；结合大数据技术及本书提出的 ISCFBD 概念，设计企业征信评判方法及资金审批决策授信方法，介绍各方法执行方式、算法的设计等。

基于风控因素—风控技术—风控模型，本书认为互联网供应链金融应向平台化趋势发展，因此，考察了供应链金融相关企业以及供应链环节与互联网金融的互动关系，将传统供应链金融业务数字化，基于“区块链+互联网”建立有效的在线网络支持下的供应链金融网络平台，通过信息共享平台的建立和大数据风险监控，实现了金融服务、金融营销、授信流程及风险管理互联网化，同时提升了供应链运转效率。通过平台经济模式搭建产融结合的生态系统，其中区块链可以提供一定程度的问责性和保证，寻找更多的物联网解决方案来整合区块链和未来的安全分布式数据库迭代，以挖掘这些优势并改善其价值主张。

对于拥有众多供应商的企业，仅通过评估财务风险来识别个体供应商风险从而制定供应链融资解决方案的策略不能够覆盖供应链风险。本书分别就互联网供应链金融网络线上大数据处理和应用框架、交易单元及行业协同整合模式做了详细分析，并指出互联网供应链金融体系安全方面常见的问题及应对方案。此外，本书构建了互联网供应链金融行业整合的协同创新发展体系，分析了互联网供应链金融风险监管机制与治理模式，并结合人工智能方法，在供应链金融企业风险管理中提出可行的风险识别算法。

希望本书的内容能够对供应链金融向互联网转换提供有效的理论支撑和策略指导，增强互联网金融企业创新基础，提高互联网金融平台的风险控制能力、投资者的关注度，加强供应链企业与金融业的合作，构建新的投融资渠道，引导供应链企业更好地协同创新发展。

本书得到广东省哲学社会科学项目“互联网供应链金融运营模式与风险管理研究（GD14CGL08）”、佛山市项目“人工智能在金融授信融资中的应用研究与风险防控（81031929）”，以及华南师范大学国际商学院项目“人工智能在金融授信融资中的应用研究与风险防控（23GSGA10）”的支持。本书课题组成员包括华南师范大学国际商学院邓然、孙思文、欧恩琪、邓杰熙、张遇昕等，本书内容由李晓春统筹策划、撰写，华南师范大学软件学院古幸怡、李雨霏参与了第2章、第5章的撰写。由于时间有限，书中难免有误，欢迎各位读者批评指正。

李晓春

2024年10月6日

# CONTENTS 目　录

第 1 章　绪　论 ………………………………………………………… 001

1.1　研究背景　/　003

1.2　国内外研究现状评述　/　008

1.3　研究的主要内容　/　015

1.4　研究解决的关键问题　/　015

1.5　研究的基本思路与研究方法　/　016

1.6　研究的重点与难点　/　017

1.7　主要观点与创新　/　017

第 2 章　供应链金融及其特征 ……………………………………… 019

2.1　供应链概述　/　021

2.1.1　供应链　/　021

2.1.2　供应链数字化　/　023

2.2　供应链金融概述　/　025

2.2.1　供应链金融产生的背景及含义　/　025

2.2.2　供应链金融的特点　/　027

2.2.3　供应链金融的发展　/　028

2.2.4 供应链金融的动因与作用 / 032
2.2.5 传统供应链金融架构向数字化转型 / 041
2.2.6 人工智能赋能供应链金融 / 043

**第3章 互联网供应链金融运营模式 …………………………… 045**

3.1 互联网供应链金融 / 048
3.1.1 互联网供应链金融的定义 / 048
3.1.2 互联网供应链金融网络的形成与演化 / 049
3.1.3 互联网供应链金融的信息技术基础 / 050
3.1.4 互联网供应链金融的特点 / 056
3.2 大数据支持下的互联网供应链金融运营模式 / 058
3.2.1 互联网供应链金融的网络结构 / 059
3.2.2 互联网供应链金融的关键信息要素 / 060
3.3 大数据支持下的互联网供应链金融业务流程管理 / 067
3.3.1 互联网供应链融资决策智能化 / 067
3.3.2 信息流可视化 / 067
3.3.3 互联网供应链金融产品 / 068

**第4章 互联网供应链金融协调创新与技术支撑 ………………… 071**

4.1 在线网络支持下的供应链金融网络平台 / 073
4.1.1 “物联+互联+行业”创建实时数据流监管动产 / 073
4.1.2 互联网供应链金融信用体系的基础范式——基于区块链共享信用 / 079
4.2 互联网供应链金融行业整合协同创新发展模式 / 083
4.2.1 互联网供应链金融网络数据处理和应用框架 / 083

4.2.2 互联网供应链金融交易单元与行业协同整合模式 / 084
4.3 互联网供应链金融体系安全问题 / 092

**第5章 互联网供应链金融风险分析 …………………………… 097**

5.1 互联网供应链金融风险监控因素分析 / 099
5.1.1 供应链风险内涵 / 099
5.1.2 互联网供应链金融风险控制挑战 / 102
5.1.3 互联网供应链金融风险因素 / 104
5.1.4 基于大数据技术的信息预处理 / 106
5.2 互联网供应链金融企业信用评判方法 / 110
5.2.1 贷前风险评估模型 / 113
5.2.2 贷中风险控制模型 / 119
5.2.3 企业征信评判方法 / 123
5.3 资金审批决策模型与授信模式研究 / 130

**第6章 供应链金融企业风险识别——人工智能的应用 ………… 135**

6.1 人工智能领域简介 / 138
6.2 人工智能金融风险领域理论基础 / 140
6.2.1 研究理论基础 / 140
6.2.2 相关文献回顾 / 141
6.3 模型设计 / 145
6.3.1 模型构建 / 145
6.3.2 企业金融风险评级的判别与界定 / 151
6.3.3 企业金融风险的影响因素分析 / 156
6.4 实证研究 / 161
6.4.1 数据来源 / 161

6.4.2 数据预处理 / 161
6.5 数据处理与分析 / 163
6.5.1 专家调查法 / 163
6.5.2 显著性检验和相关性分析 / 167

**第7章 互联网供应链金融风险监管机制与治理模式研究** ……… 179

7.1 基于区块链的互联网风险监管机制 / 182
7.2 基于成本控制与收入自偿化的评估机制 / 184
7.3 促进互联网供应链金融行业间的协调发展机制 / 185
7.4 加强行业监管机制与保险制度 / 188
7.5 加强金融风险评估机制建立 / 190

**第8章 结　论** ……………………………………… 193

**参考文献** ……………………………………………… 199

# 第 1 章

# 绪　论

## 1.1 研究背景

《中华人民共和国国民经济和社会发展第十四个五年规划和2035年远景目标纲要》提出：加快发展现代产业体系，巩固壮大实体经济根基。在新的发展阶段，我国将坚持把发展经济着力点放在实体经济上，加快推进制造强国、质量强国建设，促进先进制造业和现代服务业深度融合，强化基础设施支撑引领作用，构建实体经济、科技创新、现代金融、人力资源协同发展的现代产业体系。我国实体经济中的中小企业是推动技术创新和经济转型的重要力量。长期以来，中小企业一直面临着“融资难、融资贵”的问题。

近年来，供应链金融作为向面临运营资本需求的供应商和客户提供短期融资的解决方案，备受关注。一般认为，供应链金融是商业信贷业务的一个专业领域，在一定程度上深化了银行与核心客户的合作。传统的运行框架是：银行向自己的大客户（核心企业）提供融资和其他结算、理财服务，同时向这些大客户的供应商提供货款，或者向其分销商提供预付款代付及存货融资服务。传统供应链金融是核心企业与银行间的一种面向供应链所有成员企业的系统性融资安排，特别是国内中小型企业的融资方式多以供应链为主，国内传统的供应链金融一般都离不开第三方物流企业的参与，其目的是控制商品的“物权”。

欧美国家的供应链金融资金来源较多，与产业相关的生态设施配套措施完善，有便捷的资金来源渠道和方式，信息化能力、产品和服务能力较强，且有相关的法律、法规配套支撑。国外供应链金融模式主要有核心企业主导模式、商业银行主导模式及物流企业主导模式。

近年来，国内互联网的发展为供应链金融的创新路径和创新手段打开了新的格局。中国共产党第二十届中央委员会第三次全体会议强调，要健全因地制宜发展新质生产力体制机制，健全促进实体经济和数字经济深度融合制度。数字经济与新质生产力的高科技、高效能、高质量特征相契合，是加快发展新质生产力的关键领域和重要引擎。在互联网时代，互联网渠道扁平化加剧了供应链金融需求，国内供应链金融与互联网结合衍生出新模式。在传统模式下，多层次的贸易层级在产业链中承担了“垫资”任务，互联网在促使产业扁平化、减少贸易层级的同时，也加大了供应链金融的需求。

“互联网+”是一种产业互联网发展阶段，体现了产业的互动，互联网改变了信息传输的效能。互联网的颠覆和创新使供应链金融朝着互联网的方向发展，即互联网供应链金融，供应链上的主体开始变得多样化，从金融机构、核心企业到上下游中小企业、个人以及物流企业，都是供应链金融的参与者。互联网企业的参与使大数据广泛应用于供应链金融中，互联网与供应链金融的融合产生了新模式，产业互联网与供应链金融结合，即互联网供应链金融。它颠覆了过往以融资为核心的供应链模式，转为以企业的交易过程为核心，产业互联网平台成为供应链金融的“核心企业”，将过去围绕核心大企业的“1+$N$”模式，拓展为围绕中小企业交易的“$N$+$N$”模式，行业存量市场空间给产业互联网平台提供了更为巨大的成长空间。

区别于传统供应链金融，学者们对互联网供应链金融模式做了不同的分类。从主体的角度可分为：电商平台模式（如阿里、京东、苏宁模式），行业门户网站模式（如上海钢联），软件公司模式，信息网模式，物流公司模式。其信用来源主要是B2B和B2C电子商务平台提供的大量信用数据及其建立起来的电子商务诚信体系（袁昌劲，2014）。平台基于核心企业的信用，根据贸易的真实背景和供应链核心企业的信用水平评估中小企业的信贷资格，为核心企业及企业的上下游提供融资支持的信贷服务。

从供应链金融产业链的角度可分为：上游的供应链金融底层技术提供商（如人工智能、大数据、区块链、云计算等技术提供商），中游的供应链金融科技解决方案厂商（如利用自由SaaS平台提供供应链金融服务的厂商或为大型金融机构提供供应链金融科技解决方案的厂商），下游的供应链金融参与方（如核心企业、中小微企业、金融机构、保理公司、资产管理公司、电子商务平台等）。市场上联易融、京东数科、重庆小雨点、蔷薇控股、中企云链等是第三方供应链金融科技解决方案厂商，为供应链金融提供技术解决方案。2021年1月，京东数科、云服务及AI板块整合成立京东科技，以供应链金融作为重要战略方向之一。2023年京东科技发布了京东供应链“四个一体化”战略方向，即“内场+外场、科技+金融、上游+下游、B端+C端”一体化[①]。

在互联网供应链金融新格局下，企业需要面对数字化转型，不仅需

① 见中国经济网：京东供应链金融科技发布“四个一体化”战略方向，http://www.ce.cn/xwzx/gnsz/gdxw/202310/25/t20231025_38764472.shtml.

要对企业内部信息技术应用进行指导和管理，还需要考虑新技术的变化能给供应链带来什么，如在互联网供应链金融模式下，企业如何融资，如何提供信用担保及对风险的监控。

互联网供应链金融是一项系统工程，其具有互联网金融的虚拟性、便利性、跨时空性、创新性，又具有供应链金融风险及互联网风险，各企业的交易可以通过网络进行，在一定程度上增加了信息的不对称性，对交易对象、目的、过程的把握提升了难度，使互联网供应链金融具有复杂性及多变性，其风险逐渐向操作风险转化（黄丹，2012）。也就是说，互联网环境下供应链金融具有更大的动态性、复杂性，存在一些运营模式和风险控制的难题，主要包括以下方面。

（1）核心价值与有效的商业运营模式。随着信息通信技术的发展，生产和流通过程形成物理连接和基于数字技术的信息双向连接，不断改变着传统制造业和服务业的产业特征与功能（胡乐名等，2022）。在传统供应链金融向互联网转型的过程中，互联网供应链金融的核心价值尚未有清晰的界定，需明确其区别于商业银行传统供应链金融业务的特征，建立有效的商业运营模式。国内供应链金融业务多依赖核心企业，核心企业的经营状况及资金来源的稳健性、抗风险力等，都影响供应链上下游企业的融资。

（2）信用评估。由于缺乏外部财政支持，中小企业进一步面临发展限制（Beck et al.，2006）。传统征信制度导致的核心问题是客户与金融机构信息不对称。多数中小微企业受限于资产规模、缺乏有形资产等，难以从银行贷到款，银行也难以真正了解中小微企业的经营和决策，进而难以开展有针对性的风险防范措施。尽管供应链金融为中小企业提供了一定的融资解决方案，但建立一个覆盖整个供应链的信贷系统较为困难。

（3）风险控制。现阶段一些供应链抗风险能力较弱，特别是受经济周期影响大的一些行业，上下游企业市场订单量下降，行业产能过剩，资金回笼受限，逾期无法还款，核心企业因承担担保责任导致信用下降，对企业经营造成不利影响。部分中小微企业利用供应链金融拿到资金后，如果企业运行效率不稳定，产品与服务无法落实，一旦出现资金链断裂，会进一步恶化信用体系，增加风险控制难度。

本书从互联网供应链金融的运营模式及风险控制两个方面展开研究，界定关键概念并提出分析框架。从大数据、物联网、区块链等连接技术和连接方式的演进分析互联网供应链金融的特征演变。讨论互联网、移动互联网、大数据等工具对互联网供应链产品选择的影响，有效利用大数据分析线上供应链金融的风险控制指标，使供应链金融业务更具有透明性、参与性及协作性，降低中间成本，使操作便捷。结合互联网金融、供应链金融，利用数据分析法、社会网络分析法、组合优化等理论，提炼基于互联网线上运作的供应链金融网络中的协作风险、供应链金融网络形成和演化理论、风险传递与影响机理、关于供应链金融网络变化下的风险管理方法，并设计互联网供应链金融的参与机制、风险评估与动态监控预警的方法等，为供应链金融向互联网转换提供有效的理论支撑和策略指导。

在实践应用价值方面，本书将增强互联网金融企业创新基础，加强供应链企业与金融业的合作，提高社会成员创新参与率以及供应链金融投资者的投入产出比。在相同的金融成本、规模投入强度下，更好地利用大数据、互联网以提升供应链金融的效率。拓展中小微企业获取投资资金的途径，提高资金获取和利用的效率；提升互联网金融平台的风险控制能力和投资者的关注度。通过对互联网供应链金融有效商业模式的制定与实施，构建新的投融资渠道，引导供应链企业更好地协同创新发展。

近年来，由于宏观经济压力上升、监管要求增加、市场竞争力提高等多重因素影响，预防和管理金融风险的必要性变得更加重要。随着商业环境变得越来越复杂，全球供应链体系复杂性加剧，风险也越来越大。供应链金融有效缓解了供应链上企业的压力，但风险防控的难度也随着供应链复杂性的加剧而增大。供应链的稳定性取决于对各种风险的智能预防和控制风险的能力，基于 AI、大数据的数据风险防范已成为金融专家及研究人员的热门话题。

## 1.2 国内外研究现状评述

供应链中断、制造中断或延迟可能导致财务成本超预算，股东资本损失。供应链金融在识别、监测和控制供应链金融风险，缓解中小企业融资挑战方面能够起到重要作用。对供应链金融的研究主要包括供应链金融管理和贸易信贷，涉及多个方面：供应链行为者方面，如大型企业/核心企业、供应商、银行、物流服务商；供应链业务方面，如保理、库存融资、贴现等；供应链模式方面，如传统供应链融资、互联网供应链融资、区块链供应链金融等；供应链金融风险管理方面等。供应链金融服务提供者主要指服务提供商，包括传统银行、物流服务提供商、非银行金融机构和平台提供商。大型企业或供应商引入信用凭证，与金融提供商合作，以较低的利率为其产品的供应商或买家提供资金。

### 1. 供应链融资模式

供应链金融旨在协调物流、信息流和资金流。供应链金融具有代表性的观点是 Hofmann 提出的，供应链金融可以理解为供应链中包括外部服务提供者在内的两个以上的组织，通过计划、执行和控制金融资源在组织间的流动，以共同创造价值的一种途径（Hofmann，2005；宋华等，2016）。供应链金融通过收集、整合及分析供应链内的信息流，服务于核心企业主导的供应链生态圈，系统优化资金的可得性和减少成本。国内具有代表性的定义是深圳发展银行和中欧国际工商学院“供应链金融”课题组（2009）对供应链金融的定义：供应链金融是指在对供应链内部的交易结构进行分析的基础上，运用自偿性贸易融资的信贷模型，并引入核心企业、物流监管企业、资金流引导工具等新的风险控制变量，对供应链不同节点提供封闭的授信支持及其他结算、理财等综合金融服务。

国内外关于供应链金融的研究集中在基于上下游企业的贸易信用或银行融资能否协调供应链，以及供应链金融服务模式的分析与信用风险的评估方面，融资渠道多集中于考虑上下游渠道和银行渠道。供应链金融资本提供者如银行，主要对不同风险层次的企业通过设定差异性的担保物和贷款利率组合来降低风险，借款企业担保物的数量与还款风险成正相关关系，可基于担保物的价格风险进行信用风险定价。违约的概率将会影响到供应链金融中银行面临的信用风险。

供应链金融的理论研究主要考虑企业的资金约束和融资决策因素。供应链融资是解决中小企业融资问题的重要技术手段之一，包括存货融资模式、预付款融资模式、应收账款融资模式、订单融资模式、库存融资模式等。张志浩（2013）指出受信人资质、核心企业资质、供应链整体运营情况、融资资产情况四个方面是产生供应链金融违约风险的主要因素。

商业信用是供应商补贴零售商持有成本的通用方法（Gupt et al.，

2009)，众多企业还需要同时管理物流和资金流，物流需要资金流支持，商品销售后可以增加资金，在资金约束和需求不确定的情况下需同时做出资金流决策及物流决策，使注入资本的红利现值最大化。而在需求不确定和市场不完美的情况下，Xu 等（2004）同时考虑生产运营和资金决策的模型，较大的企业价值对生产决策比对资金决策更敏感，而且低利润的生产商可能面临无法同时协调生产和资金决策的风险。Buzacott 等（2004）首次将基于资产的融资引入生产决策中。Hofmann（2009）从物流服务供应商的角度介绍了基于供应链的库存融资，并通过调查对物流服务供应商的利润进行了分析。而在预付账款融资模式下，通过预付融资订货可有效解决物流的滞后性（Basu et al.，2012）。

总体上，传统金融以自有数据自封，未实现全面开放、容纳、吸收。传统的供应链金融体系，核心企业的高信用不能转移到次级供应商。较少研究涉及基于核心企业的信用或基于网络平台信用的互联网供应链金融及关注供应链融资的供应链网络。

### 2. 互联网供应链金融

互联网供应链金融从组织形式的视角分为电商主导、商业银行主导、核心企业主导、IT 企业主导、物流企业主导、第三方平台主导等六种模式（黄锐等，2016）。现阶段主要包括采购阶段的预付款融资、运营阶段的动产质押融资、销售阶段的应收账款融资等。这类贷款存在整个产业链的集中风险，核心企业风险，质押货物或企业资产的市场价格波动的风险，不完善或有问题的内部操作过程、人员、系统或外部事件而导致直接损失或间接损失的风险。

电商平台已被广泛应用于数字供应链，供应商可以选择在直接渠道或电子商务平台上销售（Dong et al.，2018）。Cronin（1997，2001）最早提到电子商务将成为金融服务的一个重要领域，B2B 电子商务交易为开展互联网融资创造了条件。信息技术在供应链金融中起到重要支持作用，包括业务支撑、风险管控、渠道拓展等方面。Kaplan 等（2000）提出 E-hub（电子中心）的概念，并在供应链聚合模型中介绍了电子中心可为买卖双方提供融资服务。但面向网络交易的企业提供供应链融资服务须做到及时、快速响应市场的变化。将供应链融资模式应用到 B2B 电子商务中，可以有效提升融资业务利益相关者的综合经济效益，并有效降低融资风险（李卫娇，2011）。袁昌劲（2014）认为互联网供应链是互联网金融与供应链金融的继承概念，兼具互联网金融的虚拟、便利、创新以及供应链金融的严格流程、成本控制、风险管理等特征。宋华等（2016）详细阐述了供应链金融发展的不同阶段（供应链金融 1.0、供应链金融 2.0 和互联网供应链金融）的特征，对供应链金融的新发展——互联网供应链金融的特质进行了理论探索，指出供应链金融推动者以及供应链结构、流程和要素直接决定了互联网供应链金融的绩效目标。

互联网供应链金融相关的理论基础包括信息理论、交易成本理论、创新理论和金融生态理论，这些理论可以分别从信息、成本、竞争和博弈等角度解释互联网供应链金融的产生基础、发展条件和运营特点（黄锐等，2016）。邓伟伟（2015）从电子票据和供应链金融的关系、电子票据和互联网金融的关系入手，陈述了利用互联网金融发展供应链电子票据业务的原则和具体措施。李更（2014）讨论了互联网金融时代下 B2C 供应链金融模式，提出了基于电商主导的融资方式，依托强大和成熟的数据信息和技术手段，能够促进供应链、物流、金融三个环节高效融合，有效降低风险，提升资金使用效率，最终形成面向消费者、供应链的完整的金融服务板块，增加用户黏性，提高自身竞争优势。陆游（2017）指出在线供应链金融由于严重依赖互联网，网络安全风险日益增大，特别是技术风险如硬件风险与软件风险。

但互联网供应链金融仍存在信息安全、贷款风险管控以及人为的操作风险等问题，规模做大后信贷资金的来源也是限制其发展的瓶颈。

有部分互联网平台开始布局大数据风险控制，但大数据在商业模式设计、创新商业模式方面的研究相对较少，现有相关研究成果总体较为分散，缺乏可支持互联网供应链金融管理决策的系统理论与实践策略体系。如何有效处理和利用互联网及互联网中的数据已成为金融行业供应链金融研究和实践的新方向。

### 3. 区块链技术在供应链金融中的应用

从供应链的融资方式来看，主要有外部融资（银行或其他金融机构）和内部融资（通过供应链中的企业获得融资）。例如，在双渠道经营的供应商，可以从供应链中的电商平台、银行和零售商处获得融资（Zhen et al.，2020）；Dong 等（2023）研究发现，供应商通过电子商务平台销售，可以选择是否通过区块链技术的供应链融资获得金融支持。当供应商的初始资本相对较少时，可提升电商平台使用区块链技术的意愿，并能够提高电商平台的利润。

区块链技术采用多个节点并发对数据的多次访问，从而减少对中央服务器的依赖，并避免了因数据丢失而对中央服务器造成损害的可能性，加密技术确保了数据的完整性、不可篡改性。区块链技术具有分布式、分类账和可追溯性等特点（Wang，2021），可追溯性是全球供应链管理的最重要指标之一。区块链支持的供应链融资平台可以提高消费者的忠诚度和企业的竞争优势（Ning et al.，2023）。由于区块链的透明度和开放性，委托人和代理人的信用风险可能会降低。

复杂的供应链受益于物联网和区块链等技术。区块链技术提供了以更低的信息成本获得优惠融资条件的能力。Wang（2021）分析调查了区块链在供应链融资中通过应用关键资源为客户提供服务，满足参与者的需求，并能够创造价值。Guo 等（2021）提出了基于 BCI 和物联网作为监督架构的信息管理框架，以提高供应链金融业务流程的信息透明度。

### 4. 供应链金融风险防范

供应链融资通过为供应链内的关键企业和供应商提供定制融资方案，有效缓解了供应链企业现金流动性问题，降低了供应链财务风险，提高了供应链上企业的绩效以及供应链运作的有效性（Hofmann et al.，2016；Ali et al.，2020）。信息不对称易导致经常性承诺、空洞承诺和其他风险，容易破坏企业资信。通过数字技术的实施，供应链金融解决方案提升了交易透明度，提高了供应链合作伙伴的信任度（Banerjee et al.，2021）。供应链融资对稳定产业链、提高资本效率、缓解中小企业融资困难、促进业务和金融创新深度融合有着积极影响。

供应链成员的风险厌恶态度在决定融资平衡方面发挥着重要作用。已有研究指出，根据供应商付款行为评估供应商风险（Chiu et al.，2011），通过支付完成率判断供应商有效管理业务和获得充足营运资金的能力（Basu et al.，2012），核心企业通过延长付款期限，提高供应商现金流动性，确保供应商能够满足生产和供应需求，降低供应链运营中断风险，从而提高整体稳定性。同时，当企业与依赖资本的供应商建立牢固的合作关系时，它们更倾向于参与供应链融资合作，核心企业通过延长付款期获取信贷利息，使利益最大化；供应商获得财务支持，优化资源配置，双方实现共赢（Yang et al.，2021）。此外，核心企业正将重点从减少资本占用转移到提高整个供应链的流动性和运营效率上，而金融机构通过实施监控业务生产和销售活动来提供全面的金融服务。

经典的供应链金融防范策略关注预期利润最大化或预期成本最小化目标。企业承担风险的程度决定了企业采用和使用供应链金融工具的程度。相关研究表明，供应链融资中广泛采用了供应商风险投资组合模型，如通过经济、环境和社会风险评估可持续风险（Torres-Ruiz et al.，2018）；采用传统的财务报表数据，预测供应链中小微企业的信用风险；供应商盈利能力、生产质量、供应商成本指标等也是常见的风险判断指标。当供应商的风险规避条件适中时，通过供应链贸易信贷融资可以使双方实现共赢，提高整个供应链的风险抵抗能力。

供应链风险管理常见的步骤分为风险评估、处理和监测，如何结合风险来源加强相应的风险管理并控制风险，是供应链金融融资业务能否成功的关键。SCOR 模型可用于对风险进行分类（Zhu et al.，2021），风险价值（VaR）模型、条件风险价值（CVaR）模型、均方差模型等被广泛应用于探索风险管理问题。基于回归模型、数据包络分析、分类算法等方法被用于信用风险预测。许多学者引入了均方差框架描述市场需求不确定的风险，并优化供应链合同（Yang et al.，2021）。BP 神经网络、支持向量机算法、遗传算法等也常用于评估参与者风险。在评估信用风险方面，支持向量机（SVM）模型的表现要优于 BP 神经网络模型（Sang，2021；Zhang et al.，2015），同时将社交网络模型应用到风险分析中，可增强数据集（Fayyaz et al.，2021）。

随着区块链技术的开发和应用，有可能解决供应链金融中的信息不对称和低融资效率问题（De Kruijff et al.，2017）。区块链技术应用到供应链金融风险管理领域，解决中小企业的融资问题，其中风险评估是风险管理的核心部分。考虑到企业可能存在的道德风险，信用风险评估应更多地依赖基于区块链的多方供应链协作的供应链金融生态，并强调历史交易行为、物流库存和其他真实数据的共享。

## 1.3 研究的主要内容

（1）互联网供应链金融体系的界定及运营模式。①互联网供应链金融网络的形成和演化理论；②大数据支持下的互联网供应链金融的运营模式和关键要素分析；③互联网供应链金融行业整合的协同创新发展模式。

（2）互联网供应链金融风险因素分析。①大数据支持下的互联网供应链金融风险监控指标分析；②互联网供应链金融企业信用评判方法、资金审批决策模型及授信模式研究。

（3）互联网供应链金融行业协调创新及在线供应链技术支撑。①在线社会网络支持下供应链金融网络平台的创建；②互联网供应链金融参与的企业线上大数据处理和应用框架。

（4）互联网金融企业信用风险研究，建立网络协作机制。

（5）人工智能在供应链金融风险防控中的应用研究。

## 1.4 研究解决的关键问题

（1）互联网供应链金融的核心价值及其区别于传统供应链金融的特征，从数据库到大数据的变革分析，跨地域、多样性数据整合下，传统供应链金融到互联网供应链金融转换运作模式的变革。

（2）大数据支持的传统金融企业、供应链中的企业、电商企业以及第三方保险机构等，面对传统供应链金融，可以开展互动。互联网供应链金融作为一项系统工程，应构建行业整合的协同创新发展模式，包括运营模式、风险管理理念和方法、互联网供应链金融架构设计等。

（3）通过创建在线社会网络支持下的供应链网络平台，利用大数据分析互联网供应链金融的特征，从而确定风险控制指标、企业信用度评判方法，建立审批的决策模型。

（4）分析互联网供应链金融与所处的社会经济环境的互动状态，包括外部的金融生态环境对互联网供应链金融发展的影响，互联网供应链金融风险的传递与影响机理，提出人工智能在互联网供应链金融风险防控中的应用模式，为互联网供应链金融实践与研究领域的发展提供理论支持。

## 1.5 研究的基本思路与研究方法

（1）规范性理论研究。文献综述法、实证研究相结合；运用互联网金融、供应链金融、组织行为学、协同创新的相关原理对国内外互联网供应链金融研究现状进行分析；结合案例，研究该网络演进机理。

（2）运用探索性因素和验证性因素分析互联网供应链金融中贸易信用因素。利用在线社会网络分析法、数据分析理论、创新理论，探讨互联网金融运作及风险管理的关键因素，分析大数据环境下互联网供应链金融行业整合的协同创新发展模式。对不同的运作模式进行优化，分析各运作模式中风险管理方法并建立风险监控模型。

## 1.6 研究的重点与难点

改变传统的以企业不动产质押为主的授信模式的研究出发点，互联网供应链金融网络的形成和演化理论及适合互联网金融的授信模式尚缺乏清晰的界定。需将传统的供应链理论延伸至互联网供应链系统中，利用大数据分析互联网企业掌握的资金、交易、用户的信用和行为等数据，以及物流企业数据库数据，分析风险监控指标。互联网供应链金融的风险监控（市场风险、操作风险、协作风险等）难题是制约互联网供应链金融发展的主要障碍，融资风险控制指标的设置、对信用度进行评判的方法、风险决策模型及大数据的分析与应用是解决问题的关键，行业如何整合协同创新，亟待突破。

## 1.7 主要观点与创新

（1）结合在线社会网络理论、电子商务、第三方支付、搜索引擎等庞大的数据，界定可以用于互联网供应链金融的数据源。

（2）结合互联网金融平台的风险控制能力，投资者的关注度，企业掌握的资金流转及利用交易记录，用户的信用及行为数据，物流企业数据库中的中小企业销售、库存、物流记录，对企业支付数据的数据流分析等，考虑线上交易在没有质押物的情况下，风险指标的界定，设计互联网供应链金融风险评估模型。

（3）利用区块链理论、物联网理论，构建基于“区块链+物联网”

的互联网供应链金融平台，分析其可行性以及可提供的互联网供应链金融产品类型、业务模式、风险因素、隐私问题及解决方案。

（4）提出人工智能在供应链金融风险识别中的应用，并通过实施例进行详细分析，有助于提高供应链金融风险控制能力。

# 第 2 章

# 供应链金融及其特征

## 2.1　供应链概述

### 2.1.1　供应链

供应链是由多个独立的利益实体组成的一个企业网络。有效协调节点企业间的物流、信息流和资金流，增强供应链的整体竞争力，是供应链管理的核心内容。供应链是围绕核心企业，通过对物流、资金流和信息流的控制，从采购原材料开始，制成中间产品以及最终产品，最后由销售网络把产品送到消费者手中的过程，它将供应商、制造商、分销商、零售商和最终用户连成一个整体的功能网络结构模式。供应链作为一种业务流程，在供应商、制造商、分销商、零售商和消费者之间构成了一个网络，完成由满足企业的物资需求到给企业提供所需物资与服务的整个过程。

核心企业不断加强在供应链上的管理，催生了大量的供应链融资需求。核心企业利用其议价能力、优质的资信以及信息技术能力，能够将供应链成员间的信息流、资金流、物流进行有效整合，运用各种金融产品为供应链成员企业提供资金的运作，有效防止供应链上下游企业资金链断裂（戴军，2023）。

供应链管理采用系统的观点和方法对物流系统进行管理，是一种整体优化的管理模式，其基本思想包括以下几个方面。

（1）系统的观点。把从供应商、制造商到经销商、用户的整个供应链看成一个有机整体。

（2）共同的目标。最终用户创造的需求才使供应链得以存在，而且只有用户满意，供应链才能延续与发展。

（3）新型的企业与企业之间的关系。通过仔细选择业务伙伴，减少供应商数量，将企业与企业之间的竞争关系变为紧密合作的业务伙伴关系，共同解决问题，实现信息共享。

（4）集成化的管理思想。为了实现共同的目标，通过业务流程重构等方法消除供应链中各成员企业的自我保护主义，实现供应链的集成与优化，使管理思想在整个供应链上扩散和移植，实现管理思想的集成。

供应链管理理论和实践的不断发展，表明实际的竞争不再是企业与企业之间的竞争，而是供应链与供应链的竞争，乃至供应链网络间的竞争。企业在加强自身管理能力的同时，必须密切关注整个供应链中其他成员企业的经营管理状况，通过有效的手段来保证整个供应链的平稳运行，因而企业的业绩在很大程度上取决于供应链中的各成员企业如何与之保持协调。企业从单一领域的竞争转向生产、流通全方位的供应链竞争，进而提高市场快速反应能力，拓宽供应链服务能力。

### 2.1.2　供应链数字化

随着数字技术的进步，传统的供应链难以满足客户不断升级的需求和实现突破性创新，全球产业数字化转型正在深入发展，以不断加快数字化和现代供应链体系建设。企业立足主业，延伸产业链，推进品类拓展和渠道整合，提升运营质量和经济效益，增强企业发展能力；强化精细化管理，提升运营效率。大数据分析、人工智能、物联网、区块链、云计算等数字技术在产业数字化转型中得到进一步应用，企业希望通过数字化转型，促进企业向网络化结构演变，促使其转变现有的服务、组织和商业模式，创造新的盈利点，提升盈利能力，为企业带来独特的竞争优势。企业数字化转型涉及商业模式、运营模式的变化，包括流程、组织、文化、信息技术等多方面的变革。数字时代同时也为供应链带来了新的范式，它正在彻底改变企业组织、执行和运营方式，数字服务和分析算法为供应链获得持续竞争优势提供了机遇，必将对全球产业链、供应链带来深远影响。

在数字化转型背景下，供应链上核心企业从企业内部组织、数据治理、决策机制、业务数智化打通内部流程等角度，开展了数字化转型行动计划，以期推进业务数字化转型。伴随单一企业竞争转向供应链竞争，在数字化转型过程中，企业的信息架构定位、内涵、管理方式都应围绕供应链信息架构、业务模式展开，对准供应链整个业务管理目标，包括结构化数据、非结构化数据、内外部数据、过程类数据、规则类数据、物联网数据等数据的管理。数字化转型过程中对信息架构的管理应满足实时性、可视化、差异化、可动态调整等需求。

供应链数字化尚未有统一的定义。Raab 等（2011）在研究中首次提到供应链数字化概念，他们认为数字化是未来供应链发展的一个重要趋势。数据分析、物联网、云计算和区块链是主要用于供应链数字化的主要技术。现有研究认为，数字化转型通过引入自动化生产、数据分析和实时监控等工具，可以大幅提高生产效率；数字化转型也为企业提供了更有效的供应链整合手段，能更准确地预测市场需求并及时应对变化，供需匹配有效减少了因需求不匹配而造成成本浪费，并显著提高了总要素生产率（Abdalla et al.，2021；Wu et al.，2023）。从内涵上看，数字供应链基于数字平台，以客户需求为重点，能够优化供需匹配和降低交易成本（Li et al.，2024）、优化供应链运营效率，重构供应链网络与流程，提升共享信息、资源整合、协作能力，支持全球流通和供应链上下游企业之间的互动。数字技术的发展为供应链管理带来了机遇与挑战。供应链数字化利用生态系统合作伙伴和数字工具来解锁新的敏捷性，可以促进供应链的可视化和运营效率，扩大供应链企业的协作优势，降低供应链风险。

在供应链数字化的各种驱动因素中，各种新技术的出现发挥了重要的推动作用。特别是大数据分析、物联网、区块链、人工智能等技术的不断创新为供应链数字化提供了强大的推动力，其他因素如互联网、云计算、增强现实也进一步促使供应链管理更加高效、智能和可视化（Agrawal et al.，2023）。从管理的角度看，销售和运营规划战略、智能制造流程和仓储管理等业务的数字化转型，促进了数字供应链的成功实施（Choudhury et al.，2021）。

供应链伙伴关系的加强在很大程度上得益于信息共享、数字平台以及供应链可视化技术的推动。通过数字供应链平台，各方企业可以实现实时的信息共享，从而打破传统供应链中的信息孤岛现象。物联网技术可以对货物进行全程监控，而区块链技术则确保信息的不可篡改性和可溯源性，保证了供应链上每个环节的数据的透明度和可信度。这种透明化管理提高了供应链整体的可视性，降低了交易中的不信任和违约风险，促进了供应链中的合作伙伴能够更加紧密、有效地协同工作，进而增强供应链的稳定性与韧性。

通过这种基于数字技术的供应链管理模式，企业之间的合作更加长久且稳定。供应链上的合作伙伴不仅可以共享库存和销售数据，还可以共享更深层次的战略信息，如市场预测、产品生命周期和需求变化等。这种深入的信息交流能够帮助供应链各方实现更精准的需求预测和资源优化配置，从而大幅提升供应链效率。数字化供应链可视化技术增强了各环节之间的协同合作，使企业能够更灵活地应对市场变化，降低供应链断链风险，同时也为供应链中的伙伴关系提供了更强大的支持与保障。

## 2.2　供应链金融概述

### 2.2.1　供应链金融产生的背景及含义

供应链金融的概念源自全球性业务外包（田江，2021），2000 年 Timme 等最早指出，为了实现供应链的目标，供应链上的企业与供应链外部提供金融服务的企业之间建立协作关系，用来应对供应链上成员经营资金流转问题，同时考虑供应链上的物流、信息流、资金流，整个过程称为供应链金融。随着企业融资需求的增加，供应链金融已成为企业融资的常见方式。

一般认为，供应链金融是商业信贷业务的一个专业领域。传统的运行框架是：银行向自己的大客户（核心企业）提供融资和其他结算、理财服务，同时向这些大客户的供应商提供货款，或者向其分销商提供预付款代付及存货融资服务。供应链金融是核心企业与银行间的一种面向供应链所有成员企业的系统性融资安排。供应链金融采用自我监测和闭环信用模型来控制资金和风险。国外供应链金融主要有核心企业主导模式、商业银行主导模式、物流企业主导模式。国内传统的供应链金融一般都离不开第三方物流企业的参与，其目的是控制商品的“物权”。

供应链金融也被定义为“供应链融资”，金融机构通过对供应链上的核心企业及其上下游企业的信用、物流、信息流等要素进行综合评估，从而提供灵活多样的融资产品和服务，以满足供应链运营过程中的资金需求，促进供应链的稳定和优化。Stemmler（2002）发现，供应链金融是供应链管理的重要组成部分。供应链金融的关键是将资金流整合到实体供应链中。Hofmann（2005）将供应链金融定义为：供应链中两个或多个组织（包括外部服务提供商）通过在组织层面规划、指导和控制资金流动来共同创造价值的方法。Pfohl 等（2009）将供应链金融定义为：企业间融资优化以及与客户、供应商和服务提供商的融资流程整合，以提高所有参与企业的价值。

在国内，供应链金融更多的是一种将金融服务与供应链运营相结合的金融服务方式。通过风险控制和业务流程的优化，提高供应链的整体运行效率，降低成本和风险。供应链金融紧扣资产端，通过评估整个供应链的信用状况，建立在商流、物流、信息流的基础上，以结构性的信息作为信用建立和评价的基础，给供应链上的中小企业提供融资（宋华，2017）。其基本原则是将供应链上核心企业的财务优势扩展到资金薄弱的供应链合作伙伴，以改善供应链的运营成本。

此外，一些学者也从不同的角度对供应链金融进行了定义，如从融资方式的角度、从物流管理的角度、从信息管理的角度等。大多强调供应链金融的核心思想，即将金融服务与供应链运营相结合，提高供应链的整体运行效率，降低成本和风险。供应链金融作为一种创新型金融服务模式，正在重塑现代商业生态。它通过整合供应链上的核心企业、上下游供应商、分销商等参与主体，构建起一个协同发展的金融生态系统。这种模式不仅突破了传统金融服务的局限，更为产业链的稳定运行和持续优化提供了强有力的支撑。

### 2.2.2　供应链金融的特点

供应链金融的主要特点如下。

（1）供应链金融参与主体多元化。供应链金融参与主体包括供应链上下游多方，还涉及商业银行、电商平台、第三方支付机构、第三方物流公司等。在供应链生态圈中，核心企业主导资金的可得性和成本进行系统性优化；商业银行等提供融资服务；核心企业作为桥梁，将贸易双方和金融机构之间的信息进行对接，利用信息技术平台，实时提供能够作为担保或触发融资的信息，如订单信息、物流信息、存活信息、单据信息等。

（2）供应链金融操作闭环性。由于供应链金融基于真实的交易背景，能够使供应链内上下游企业更为主动地进行专用性投资，供应链金融为供应链上的企业维持稳定的交易关系，必然能促使交易各方主动沟通，提高资金运行效率，降低交易频率与交易成本。供应链金融能够提高交易的稳定性及资产的专用性，并降低企业违约的可能性。

（3）供应链金融相关贸易融资自偿性。供应链金融基于实际的贸易活动，有明确的贸易对象和合同条款。相关参与方多为交易合作伙伴，有紧密联系。融资的资金往往是为了支持实际的货物交易，涉及明确的贸易合同，如购销合同、采购订单等，并通过货物担保、抵押来支持融资，从而降低融资风险，提高自偿性。

供应链金融的主要工具（或产品）包括应收账款融资、存货质押融资、订单融资、原材料融资、反向保理、保理、基于固定资产的融资、租赁、分销融资、股权融资、统一信贷融资、发票贴现、动态折扣、供应商管理库存、寄售库存等。供应链金融在很大程度上是“事件驱动的”，常见的触发事件有采购订单、库存、原材料、已开具的各种票据、固定资产等。

从运作机制来看，供应链金融依托核心企业的信用传导，将金融服务嵌入供应链的各个环节。供应链金融产品通常以供应链上的真实触发事件作为交易背景，沿供应链分类管理风险，如通过引入第三方物流企业的合作，实现对货权的有效掌控，降低金融风险集中和融资风险。同时，供应链金融还提供结算、保险、投资等综合金融服务，以满足不同企业的需求，有效解决了中小企业融资难、融资贵的问题。同时，借助区块链、大数据、物联网等数字技术，实现了供应链信息的透明化和资金流动的可追溯性，大大降低了金融风险。

### 2.2.3 供应链金融的发展

供应链金融应用领域的日益增长得益于其对供应链绩效的提升，如加强客户、供应商、服务商之间的整合，通过将供应链指标与财务指标联系起来，从而协调实体运营、数据和信息交换以及流动性，创造有益于供应链的竞争优势。供应链金融策略的应用使得采购成本、生产成本有所下降，业务连续性得到改善，减少供应链中断风险，降低贸易信贷和融资成本等。

供应链金融的研究可以追溯到 20 世纪 70 年代，Budin 等（1970）研究了业务运营过程中产生的净现金流和净流入受到贸易信贷和库存政策变化的影响。库存政策和贸易信贷政策之间的关系也是供应链金融发展早期主要的研究热点（Haley et al.，1973）。供应链金融的发展初期，主要服务于大型企业，如跨国企业和大型集团企业，这些企业通常具有稳定的业务和较高的信用评级，因此供应链金融的业务相对较少。我国供应链金融的启动阶段大致始于 2000 年。2001 年，深圳发展银行率先在广州和佛山两家分行试点动产及获取质押授信业务，当时业务主要集中在线下，金融机构主要依赖核心企业的信用支撑，完成对供应链合作伙伴的融资授信支持。但受制于当时的技术发展水平，虚假库存、虚假交易时有发生。

随着金融市场的不断发展和完善，供应链金融进入快速增长阶段，规模快速增长，服务范围不断扩大。中小企业逐渐成为供应链金融的主要服务对象。金融机构开始探索针对中小企业的供应链金融产品和服务模式。供应链金融的目的是优化企业融资，以降低资金成本并加速现金流（Gomm，2010），旨在通过金融机构或技术提供商实施的解决方案来优化资金流，其目标是使资金流与供应链内的物流和信息流保持一致，从供应链的角度改善现金流管理。供应链金融开始更加注重供应链整体运营效率的提升，以及与上下游企业的深度合作。得益于供应链内利益相关者之间的合作，降低了供应链债务成本，提高了资金薄弱的供应链参与者获得贷款的可能性，减少了供应链内的运营资本（Gelsomino et al.，2016）。

近年来，随着数字技术及互联网的发展，供应链金融与数字技术的结合越来越紧密，如云计算、大数据、人工智能、区块链等。在云计算的基础上，参与机构基于大数据的分析模式对参与企业进行风控；区块链技术的应用使得供应链上企业的交易信息可以留存并防止篡改，实现交易的认证。这些技术的应用提高了供应链金融的效率和服务质量，降低了成本和风险。

供应链金融涉及的机构主要有传统银行、物流服务提供者、核心企业、非金融机构、平台服务提供商等。传统银行作为供应链金融的主要参与者之一，可以直接为企业提供资本或提供金融平台，以满足供应链金融实施方案的要求。物流服务提供者拥有全流程物流信息，能够促进供应链信息透明化，为资金流动提供辅助信息佐证。物流服务提供者自行或与金融机构合作为供应链提供融资，并以抵押服务或信息共享服务等形式向合作金融机构提供增值服务。平台服务提供商多为技术提供商或供应链贸易平台提供商，通常作为中介机构促进传统银行或非金融机构与供应链企业达成融资合作。

艾瑞咨询发布报告，2022 年中国供应链金融行业规模达 36.9 万亿元人民币，其中应收账款模式占比达 60%，预计未来五年中国供应链金融行业规模将以 10.3% 的 CAGR 增长，2027 年将超 60 万亿元人民币①。中国供应链金融科技解决方案市场规模由 2017 年的 159 亿元人民币增长至 2021 年的 687 亿元人民币，年复合增长率为 44.2%，预计中国供应链金融科技解决方案行业的市场规模将在 2026 年增长至 2447 亿元人民币②。

为进一步促进新兴技术如人工智能、区块链、大数据、云计算的发展，以及加速供应链金融向数字化、智能化、高效化发展，国家出台了相关政策鼓励企业以创新方式推动供应链金融发展。例如，《国务院办

① 艾瑞咨询：《2023 年中国供应链金融数字化行业研究报告》。

② 灼识咨询：《2022 中国供应链金融科技行业蓝皮书》。

公厅关于做好跨周期调节进一步稳外贸的意见》明确指出，鼓励大型骨干外贸企业向金融机构共享信息，加强合作，推动大型骨干外贸企业上下游增信，在真实交易的背景下，引导金融机构向大型骨干外贸企业的上下游企业提供供应链金融产品。《“十四五”数字经济发展规划》指出，要推动产业互联网融通应用，培育供应链金融、服务型制造等融通发展模式，以数字技术促进产业融合发展等。

各地政府就推动数字金融发展、推动供应链金融解决中小微企业融资难、融资慢问题，提高金融机构供应链金融风控效率等，推出了一系列鼓励政策。《2022 年广东省数字经济工作要点》指出发展数字金融，支持广州市实施数字人民币试点测试，继续推进广东省中小企业融资平台建设，探索搭建供应链金融服务体系，以数字金融纾解中小企业融资难题。《关于深圳建设中国特色社会主义先行示范区放宽市场准入若干特别措施的意见》鼓励以区块链和物联网设备为基础，形成存货质押监管技术统一标准，利用新一代信息技术，确保货物权属转移记录等信息有效性，稳妥规范开展供应链金融资产证券化等。《深圳市金融业高质量发展“十四五”规划》鼓励供应链金融配套服务机构利用物联网、区块链、人工智能等技术，实现供应链交易及信用生态的可视、可感、可控。《重庆市金融改革发展“十四五”规划（2021—2025 年）》提出提供数字化、场景化、生态化供应链解决方案。探索支持核心企业发行基于供应链的资产支持票据，创新构建“核心头部企业+上下游企业+链网式金融”金融模式。

党的二十大报告指出，要确保产业链供应链可靠安全、防范金融风险；深化金融体制改革，建设现代中央银行制度，加强和完善现代金融监管，强化金融稳定保障体系；完善支持绿色发展的财税、金融、投资、价格政策和标准体系；完善农业支持保护制度，健全农村金融服务体系。供应链金融的发展是一个不断深化、创新和完善的过程，未来将朝着数字化、智能化、绿色、跨境、创新合作等方向发展。供应链金融注重与上下游企业、物流企业、科技企业等合作伙伴的深度合作，共同打造更加高效、安全的供应链运营体系。随着数字化技术的发展，供应链金融将更加依赖于数据分析和人工智能技术，以提高风险评估和决策的准确性和效率。同时，供应链金融将更加注重绿色和可持续发展，为环保产业和绿色供应链提供金融服务。

### 2.2.4 供应链金融的动因与作用

#### 1. 供应链金融的动因

（1）中小企业征信数据缺失。中小企业是市场重要的组成部分，根据工业和信息化部官网数据，截至2021年年底，全国中小微企业数量达到4800万家。党的二十大报告指出，优化民营企业发展环境，依法保护民营企业产权和企业家权益，促进民营经济发展壮大。良好的金融环境有利于中小企业投资转化效率，有利于推动企业技术创新。中国共产党第二十届中央委员会第三次全体会议进一步强调，要构建高水平社会主义市场经济体制，健全推动经济高质量发展体制机制，构建支持全面创新体制机制。为了能更好地发挥金融在构建高水平社会主义市场经济体制中的作用，必须发展新质生产力。中小企业作为培育新质生产力的主体，虽然具有较大发展潜力，但大多处于初创或者成长阶段，面临着融资渠道较窄、现有渠道不够通畅的问题。

但由于中小企业在发展初创阶段，主要依赖内源融资，如留存收益和增资，但内源融资在满足企业扩张需求方面能力有限，需通过债务和权益融资来满足资金需求。同时，中小企业还受制于企业初创阶段财务信息不完整，财务报告可能不准确，信贷机构难以评估其信用风险。中小企业资产规模相对较小，可用来担保的资产相对有限，对信贷市场的吸引力不足，进一步限制了其获得融资的能力，同时带来了高昂的融资成本。因此，中小企业常面临融资渠道单一、信贷风险评估难、缺乏可用担保资产等问题。

与中小企业单一企业无法提供足够征信数据相反，中小企业参与的供应链中却有大量数据，供应链中企业之间常有交流，促进了沟通、协调、创新、信任。基于供应关系嵌入形成的供应链网络中，拥有更广泛的信息、数据。这些信息、数据可以帮助供应链上的一些小微企业提供增信。银行通过与供应链上核心企业合作，对供应链上的数据进行挖掘与分析，建立供应链金融风控模型，替代传统单一企业担保。许多企业使用供应链融资作为风险缓解工具。核心企业使用贸易信贷和保理等供应链金融解决方案，为供应链成员提供融资，给供应链上中小企业更多的支付选项，缓解中小企业资金压力，提高资金周转效率，提升供应链整体竞争力。供应链金融将核心企业与其供应商视为一个整体，提供灵活多样的金融产品和服务，以促进供应链的稳定和优化。

由于中小企业在初创阶段往往缺乏完整可靠的财务记录、抵押品或其他可量化的信用信息，金融机构难以准确评估其信用风险，导致融资成本较高且资金获取困难。信息不对称带来的“逆向选择”问题会使金融机构倾向于回避那些无法充分证明其信用质量的中小企业，从而进一步加剧了市场中资金的短缺。因此，传统融资方式中存在的信息不对称问题使得中小企业的融资变得更加困难。

（2）中小企业现金流不确定性、财务限制和研发投资。中小企业作为初创企业，其创新能力决定了其核心竞争力。然而，中小企业在创新过程中通常面临对现金流的高度依赖及现金流不确定性等问题。由于创新项目周期长、支出高，企业需要较长时间才能将新知识转化为商业利润，这使得创新活动面临较高的外部融资成本和调整成本，企业的创新能力在很大程度上依赖于内部现金流。创新活动通常伴随着高不确定性，增加了投资者识别风险的难度，导致道德风险和逆向选择问题，减少企业的研发投资，并且限制企业的创新活动规模。此外，其他不可预测的风险也会逐渐转化为现金流不确定性，进一步加大企业创新过程中现金流管理的难度。

现金流不确定性会进一步影响中小企业研发投资及创新项目周期管理。在研发投资环节，面对高现金流不确定性时，管理层的投资决策是保守和谨慎的。现金流不确定性较高的企业会更谨慎地进行研发投资，受到财务限制的企业会减少投资来节省现金，而现金流不确定性较低的企业则会更大胆地进行研发投资。在创新项目周期管理环节，企业的创新有较大的财务限制和高度的不确定性。从项目启动到完成，企业需要大量资金。一旦中途资金链断裂，项目就无法成功实施，特别是开发周期长、风险高的新产品。由于未来资金来源的不确定性，现金流的不确定性可能会造成财务限制。

受到现金流不确定性的影响，金融机构考虑风险溢价、信息不对称及规模效应，会提高中小企业吸取外部融资的成本。具体来看：①风险溢价。由于创新具有高不确定性，投资者和贷款机构为了对冲风险，会对创新项目收取更高的风险溢价，从而提高融资成本。②信息不对称。外部投资者难以准确掌握企业创新项目的风险和预期收益，信息不对称导致投资者或贷款机构通过增加融资成本以抵消潜在的风险。③规模歧视。在金融市场中，中小企业面临更严峻的融资困难，导致融资成本比大企业高。这些因素共同造成中小企业外部融资难，成本高昂。

（3）大宗商品风险和价格波动给中小企业带来挑战。2000—2008 年，全球经济快速增长推动大宗商品（包括能源、农产品、金属与矿物等）价格整体上升，然而在 2008 年国际金融危机后，大宗商品价格经历了大幅下跌，给依赖这些商品的中小企业带来了巨大冲击。2010—2011 年大宗商品价格有所反弹，但波动依然明显，2014 年前后，由于全球经济放缓和供过于求的影响，大宗商品价格再次大幅下跌。

2020 年之后，市场的不确定性进一步加剧，能源价格大幅下跌，整体市场受到冲击。随着全球经济复苏，大宗商品价格水平迅速回升，到 2022 年达到峰值。此后，虽然价格有所回落，但整体仍维持在较高水平。总体而言，这段时间内大宗商品的价格经历了“过山车”式的大起大落（见图 2-1）。

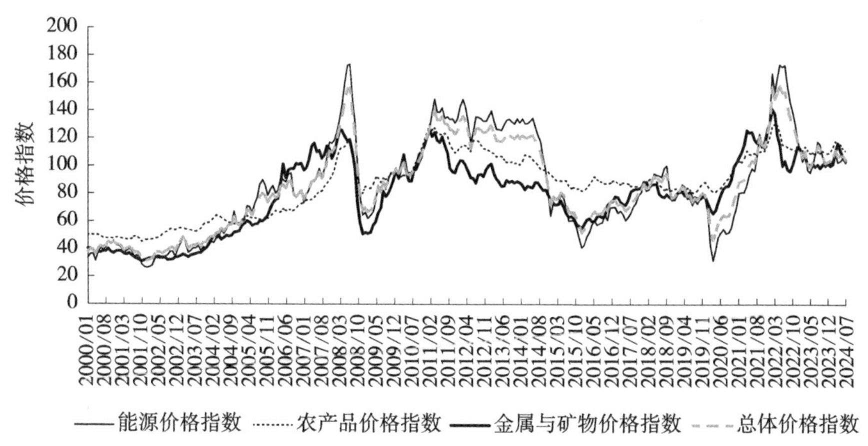


**图 2-1　2000 年 1 月—2024 年 7 月全球大宗商品价格变化趋势**

数据来源：世界银行。

大宗商品风险和价格波动给中小企业造成了许多影响。第一，大宗商品的价格波动对中小企业的收入、成本结构、现金流和盈利能力构成重大威胁。大型企业由于规模经济的优势，通常可以通过大规模采购实现较低的成本，并拥有更强的议价能力。这些企业可以通过内部缓冲机制，即长期的供应链采购协议或完善的库存管理来应对价格波动。甚至它们还能够将部分成本转移给客户，即通过抬高商品价格，减少对企业利润的冲击。相比之下，中小企业缺乏足够的规模效应，无法在大宗商品采购中获得优惠价格。此外，它们的资源和资金有限，难以维持较大的库存或应对长期的价格波动。因此，中小企业对原材料成本的波动更加敏感，且无法轻易地将成本转移给客户，利润空间也相对狭窄。所以，价格的突然上涨或下降会对中小企业的经营造成不利影响，导致预算规划困难，并可能扰乱其现金流和利润。第二，大宗商品价格波动使得中小企业的上游供应链复杂化。随着供应链的复杂化，中小企业面临的风险还包括上游供应商的原材料的价格波动。价格的剧烈波动可能会对中小企业的运营构成风险，甚至导致中小企业的上下游供应链中断。第三，管理困难。中小企业常常缺乏足够的金融知识和经验来使用金融对冲工具（如期货、期权）应对大宗商品的价格波动，难以应对市场变化。第四，作为常见的抵押品，大宗商品在金融机构开展动产质押融资业务中发挥着重要作用，而它的价格波动则成为金融机构放款时面临的核心风险。如果价格下滑，质押物的价值可能无法覆盖贷款及利息总额，增加企业违约的风险。即使金融机构出售质押物，也可能无法弥补贷款损失，最终导致财务损失。因此，不管是国际还是国内的大宗商品价格波动，都会显著提升金融机构的风险敞口，使金融机构放贷更趋保守谨慎，从而加剧中小企业的融资困境。

### 2. 供应链金融的作用

（1）缓解融资信息不对称问题。信号理论为解决这一问题提供了有力的工具。信号理论是 Michael Spence 于 1973 年提出的理论，旨在解释在信息不对称的市场环境下，如何通过发送和接收“信号”来减少不确定性，帮助各方做出更有效的决策。该理论最初用于分析劳动力市场中的信息不对称现象，后来扩展到了其他领域。信号理论的核心在于市场中的一方（如中小企业）掌握的信息比另一方（如贷款人或投资者）更多，这种信息不对称可能导致“逆向选择”，即高质量的企业可能无法获得适当的融资，而低质量的企业可能得到错误的资源配置。为了减少这种信息不对称，信息持有者可以通过发送“信号”来展示自己的真实质量，从而帮助信息需求方（如金融机构）做出更明智的决策。

但是传统信号理论在中小企业融资中存在局限性。引入供应链金融后，通过整合供应链中的多方参与者，能够有效减少信息不对称问题。由此得到的“整合信号视角”不仅可以从单一信号发送者（中小企业）的角度分析问题，还强调了供应链中其他参与方对信号传递的共同作用。供应链金融能够通过供应链的合作与数据共享，帮助中小企业传递其在业务网络中的地位和运营能力。这些供应链运营信息，如与核心企业的长期合作关系，能够成为中小企业信用质量的有效信号，帮助贷款人更准确地评估其风险（Hofmann，2005；Song et al.，2022）。

作为供应链金融中的部分控制信号，中小企业的运营能力是融资的关键，中小企业可以通过展示其运营能力，帮助金融机构更好地评估其信用风险。从企业资源观的角度来看，企业的运营能力是其在市场中保持竞争优势的核心资源，可以帮助企业在激烈的市场竞争中立足，并实现持续发展。中小企业可以通过参与供应链网络中的合作与互动，展示其运营能力。供应链中的反复交流和合作能够促进信任的建立，并展示企业的稳定性和可靠性。同时，通过在网络中占据重要位置，中小企业能够进一步提升其影响力，并通过供应链中的合作伙伴关系来传递其运营表现，减少信息不对称问题。这些嵌入供应链网络中的关系和结构能够帮助中小企业向金融机构有效传递其运营能力的信号，并降低融资过程中的风险。

此外，供应链网络中的其他参与者也能传递信号，通过他们与中小企业的合作和互动，形成更可靠的信号。这样的信号因其不完全由中小企业控制，能更真实地反映企业的市场地位与业务能力，帮助贷款人做出更明智的融资决策。因此，贷款人与借款人之间的信息不对称可以通过供应链中的信号传递得到有效缓解，从而提升中小企业获得融资的可能性。

（2）以供应链为导向，减轻商品风险和定价波动。受大宗商品价格波动风险的影响，中小企业的上下游供应链运作面临高风险、交货周期延长以及信息不充分的问题。这些问题导致中小企业的采购成本增加，资金周转速度减缓，进而产生大量的资金缺口，使中小企业面临更大的资金约束。供应链金融通过预付款融资和存货融资，为中小企业提供了灵活的融资方案。预付款融资是指买方在供应商交货前，提前支付部分货款给中小企业，中小企业可以利用这笔资金进行生产、采购原材料等；而存货融资则允许中小企业利用库存作为抵押，向金融机构或银行申请贷款以获得融资。两者相结合，能够加快大宗商品的周转速度，同时可以显著缓解中小企业的资金压力，提升供应链的整体效率和稳定性。

通过供应链增信机制，中小企业在大宗商品价格波动的环境下，仍然能够获得更多的融资渠道，并以更合理的成本获得资金支持，避免因资金链断裂而影响经营。这种机制为中小企业的稳定发展提供了更可靠的金融保障，也为金融机构降低了因价格波动带来的潜在坏账风险，从而实现了多方共赢。

供应链金融平台通过金融科技的应用，如大数据分析、机器学习等先进手段，实现对市场的实时监控和自动化交易，帮助中小企业对大宗商品价格的波动做出及时反应，或者制定更为精确的对冲策略，从而减少因大宗商品价格剧烈波动带来的风险。借助这些技术手段，供应链金融平台能够为中小企业提供更灵活的风险管理工具，提高其资金周转效率，帮助企业在价格波动中保持市场竞争力，从而确保企业在快速变化的市场环境中依然具备应对和抵抗风险的能力。

（3）缓解融资约束，提升供应链韧性。供应链韧性是指在面对各种内部和外部环境变化、冲击或干扰时保持稳定、典型运行和实现总体目标的能力。在供应链管理领域，当供应链网络内出现众多风险和不可预测性时保持可靠绩效的能力是评估供应链韧性的关键基准，如对供应商、物流、库存的有效管理，以及迅速适应市场条件、消费者需求和竞争格局的变化。

在供应链中断风险加大的背景下，供应链金融已经逐渐成为提升供应链韧性、促进中小企业稳健经营的重要手段。供应链中的任何一个环节出现资金问题，都可能导致整个产业链的中断。供应链金融通过为供应链中的中小企业提供融资解决方案，可以有效缓解中小企业的融资限制问题，进而提升供应链的整体韧性。而供应链金融可以通过金融机构或核心企业为上下游企业提供融资支持，保证资金顺畅流动，助力中小企业加快资金周转，优化资源配置，降低经营风险，从而减少产业链中断的风险。同时，数字化技术的应用进一步提升了供应链金融的效率。通过大数据、区块链和物联网等新兴技术，企业能够实现更高效的资金运作和供应链管理。数字供应链能够在应对外部冲击时显示出更大的韧性，降低企业的融资成本，并提升整体的风险管控能力。

供应链金融通过提升资金流动性，有效缓解了供应链中企业的资金压力，尤其是中小企业的融资难题。通过应收账款融资、订单融资等方式，企业能够快速获得资金，用于原材料采购、生产及其他运营活动，确保资金与商品流通的同步性。数字化供应链金融利用智能合约、区块链等技术，提升了资金在供应链中的高效流动，减少了交易成本和资金滞留问题。资金流动性的增强，不仅提高了资金利用率，还大幅提升了整个供应链的运营效率和韧性，为企业在应对市场不确定性时提供了更强的资本支持，防止资金链断裂带来的供应链中断风险。

供应链金融和数字供应链技术还在可持续发展方面发挥着积极作用。通过绿色金融工具，如绿色债券和环境友好型贷款，企业可以获得专门用于环保项目的融资支持，推动低碳、节能等可持续项目的实施。这样的可持续发展不仅减少了对不可再生资源的依赖，降低了环境风险，还增强了供应链应对环境政策变化和自然灾害的弹性。随着数字技术和资金流动的进一步优化，企业能够更加灵活地应对供应链中的可持续发展挑战，提升长期的稳定性与整体韧性。

（4）促进企业创新研发投资。中小企业在进行创新投资过程中通常面临初始投资成本高、投资周期长以及创新转型过程中高风险等多重挑战。通过供应链金融，这些问题可以得到有效缓解。供应链金融是一种创新的金融服务模式，它基于企业生产分工转变后形成的供应链关系，通过资金和票据交易，为供应链中的企业提供融资支持。中小企业通过参与供应链金融，可以扩展融资渠道，为它们的创新发展提供资金支持；还可以促进与银行的合作，减少信息不对称，确保供应链内部资金、业务和信息的流通。此外，其他核心企业在供应链中可以为中小企业提供信用担保，降低中小企业的融资成本。

通过参与供应链金融，中小企业不仅能够扩大融资渠道、减少融资成本，还能增加研发创新投入、提升市场竞争力，最终实现更高的利润增长。这一金融模式为中小企业的创新发展提供了有力的支持。

### 2.2.5　传统供应链金融架构向数字化转型

在数字化时代，供应链核心企业与金融机构之间的协作越来越重要。数字化转型已成为促进供应链更高效和金融服务更智能、更有针对性的驱动力。党的二十大报告指出，建设现代化产业体系，要加快发展数字经济，促进数字经济和实体经济的深度融合，打造具有国际竞争力的数字产业集群。数字化转型为供应链金融的数字化发展提供了基础支撑，以及更高效、更经济、更灵活、更可持续和更具竞争力的方式；使供应链核心企业和金融机构更好地应对市场变化，提高竞争力，增强供应链金融的可用性和效率。

对于传统核心企业来讲，需要更好的可见性和效率，以应对市场和客户需求的不断变化。供应链数字化转型是将传统供应链过程升级为数字化、自动化和智能化的过程。要从供应链业务出发，根据企业数字化运营需要，整合大数据分析、物联网传感器、云计算和人工智能等技术，遵循数据安全原则和规划驱动原则。对于金融机构，需要更快速、更智能化的融资流程，以降低风险并提高效率，包括信用风险、市场风险和操作风险等。

数据处理与分析能力有助于识别和解决潜在风险。数据处理与分析能力在供应链韧性建设中扮演了关键角色，特别是在精准识别和解决潜在风险方面。通过大数据、云计算等技术，企业能够实时获取并整合来自供应链各环节的海量信息，从而深入分析库存、物流和市场需求等关键数据。借助智能化的数据分析，企业可以及时发现供应链中的潜在风险，如库存过剩、物流延迟或市场需求骤变，从而在风险扩散前采取有效的预防措施。这样，数据分析不仅提高了供应链的可视化水平，还为企业的运营决策提供了强有力的支持，使供应链在面对外部冲击时更具适应能力。

数据处理与分析能力还能帮助企业预测未来风险。通过对历史数据和市场趋势的精准分析，企业可以提前识别供应链中可能发生的价格波动、供需不平衡等潜在问题。智能预警系统基于这些数据可以提供实时监控，并在风险发生前发布预警，帮助企业在外部市场不确定性增加时做出迅速反应。通过提高资源调配效率、优化库存管理和减缓资金压力，数据分析能力显著增强了供应链的弹性与韧性，确保企业在复杂多变的市场环境中能够保持稳健运营。

传统供应链金融架构向数字化转型，如向互联网供应链金融转型，具有多方面的优势。

（1）有利于扩大融资的可得性。特别是对于难以获得传统金融机构融资支持的中小企业，互联网和数字化供应链金融平台为它们提供了更多的机会，提供了更多的数据和信息，增强了供应链交易的透明度。供应链核心企业和金融机构能够更好地了解交易和合同的细节，降低不确定性和风险。

（2）有利于提高融资的灵活性。数字化平台的使用，有利于供应链金融参与机构不断推出创新的金融产品和解决方案，以满足供应链参与企业多样化融资需求，包括供应链贷款、保理、应收账款融资等，企业可以按需在平台上选择不同的融资产品，更好地适应市场变化。

（3）有利于降低融资成本，提高效率。数字化供应链金融可以降低纸质文档和人工处理需求，减少文档传递、存储和处理的费用，减少差错及纠纷成本，从而降低交易成本。数字化转型可以加速供应链金融和融资流程，优化烦琐的手续和等待时间，使资金快速流通，提高交易效率。

### 2.2.6　人工智能赋能供应链金融

2024 年《政府工作报告》指出，深化大数据、人工智能等研发应用，开展“人工智能+”行动，打造具有国际竞争力的数字产业集群。近年来，人工智能已经展现出强大效能，赋能产业发展，为创新创造开辟了新的空间。伴随着生成式人工智能、数据分析、自动化、机器学习、物联网、区块链等的快速发展，“智能”供应链成为新的趋势。

随着数字技术的飞速发展，数字经济和实体经济融合发展，产业金融与数字金融、数字技术紧密交融，涌现出新业态发展，催生出“产业+科技+金融”的产业数字金融供给方式。越来越多的金融科技企业联合构建数字化供应链生态平台，将供应链上下游的各方（如供应商、制造商、分销商、金融机构等）连接在一起。平台化供应链金融通过标准化流程、智能合约等方式，简化融资流程，降低资金流通的时间和成本。这些平台还整合物流、支付、信用评估等多种服务。生态供应链金融强调通过金融手段构建企业间的协同网络，以共享价值和资源。企业不仅与供应商和客户保持关系，还通过金融工具与更多的合作伙伴（如金融机构、物流企业、技术提供商等）实现跨行业合作，打造一个全新的供应链金融生态系统。

在一系列技术发展的推动下，供应链管理出现了一种新的范式。在数字技术的加持下，企业运作更具有可见性、透明度和可追溯性，组织可以更快地响应日常需求，积极解决问题，并减少错误和提高效率。大数据和人工智能技术在供应链金融中发挥着越来越重要的作用。自主机器学习应用到供应链流程管理后，组织可有效克服信息孤岛和企业系统壁垒。生成式人工智能是人工智能的一个子集，具有改变供应链管理、物流和采购的潜力。通过对交易、物流、生产、市场等大量数据进行分析，人工智能能够更精准地评估企业信用，降低金融机构的风险，提升融资效率。

# 第 3 章

# 互联网供应链金融运营模式

日益加剧的竞争压力、市场的全球化趋势以及对企业核心竞争力的重视，使得企业必须着手培育能够适应多变的环境和需求的供应链体系。供应链是由多个独立的利益实体组成的一个企业网络。有效协调节点企业间的物流、信息流和资金流，增强供应链的整体竞争力，是供应链管理的核心内容。

近年来，国内的互联网和互联网金融的发展给供应链金融的创新路径和创新手段提供了新的视角和空间。互联网使信息不断透明化，使传统的金融中介机构失去因信息不对称而掌握的信息优势，也使社会的各种参与主体更加扁平化。互联网金融的资金提供者如第三方平台、电商平台等不受资本充足率、杠杆率等的限制，利率水平不同于传统银行；同时，由于互联网参与者的分散性，互联网金融参与者的违约概率能够保持独立性。在互联网供应链金融新格局下，企业需要面对数字化转型，这不仅是对企业内部信息技术应用的指导和管理，还需要考虑新技术的变化能给供应链带来什么。例如，在互联网供应链金融模式下，企业如何融资，如何提供信用担保及如何对风险进行监控。

## 3.1 互联网供应链金融

### 3.1.1 互联网供应链金融的定义

互联网供应链金融是一种新型的供应链金融模式，它通过互联网技术实现供应链金融的业务和服务，是运用互联网大数据、云计算等信息技术对供应链各参与方的信息流、资金流、物流进行整合、规划、控制和优化，以解决中小企业融资难题的一种新型金融服务。具体来说，它以供应链上的核心企业为中心，将其上下游的中小企业视为一个整体，以真实贸易为前提，运用自偿性贸易融资的方式，通过应收账款质押、货权质押等手段封闭资金流或控制物权，再加上丰富的线上线下相结合的服务能力，为供应链上下游企业提供综合性金融产品和服务。

互联网供应链金融加速了企业融资模式的变革，通过互联网渗透到供应链运营的底层，改善供应链合作伙伴的信息不对称性，实现供应链上下游企业的金融创新活动，拓展供应链价值，为供应链上相关利益者提供供应链金融服务。其目的是提高金融服务的效率，降低单个企业的融资成本，增强企业的金融服务体验。而数字化、大数据、区块链技术，结合供应链全场景，分析与生产经营相关的结构性和非结构性数据，为互联网供应链金融提供了技术支撑。其中，创新金融产品和技术，即资产证券化和区块链，得到了广泛应用（Dong et al.，2021）。

### 3.1.2　互联网供应链金融网络的形成与演化

中小企业存在“金融缺口”归结为两个原因：①我国中小企业自身积累不足，基础薄弱，小企业投资的边际收益大于边际成本，资金供给出现中断，导致企业不能继续投资；②小企业获得资金的成本很大，致使企业由于资金成本的负担而无法通过正常投资来实现增长。

为了解决供应链融资效率，2017年10月，《国务院办公厅关于积极推进供应链创新与应用的指导意见》中提出，鼓励商业银行、供应链核心企业等建立供应链金融服务平台，为供应链上下游中小微企业提供高效便捷的融资渠道。2021年《“十四五”智能制造发展规划》（以下简称《规划》）指出，到2025年，规模以上制造业企业大部分实现数字化网络化，重点行业骨干企业初步应用智能化；到2035年，规模以上制造业全面普及数字化网络，重点行业骨干企业基本实现智能化。《规划》提出促进工业自动化、物联网和智能制造技术的发展，有助于提高供应链的效率和竞争力。“中国制造2025”旨在提高中国制造业的质量和技术水平，鼓励推动制造业供应链的数字化和智能化。“一带一路”倡议有助于提高国际供应链的连通性和可持续性。

在日益全球化的时代，中小企业往往通过供应链实现融资。其核心是指在保证供应商和分销商的现金流得到改善的前提下，进一步松绑核心企业的流动资金约束，进而提高整条供应链的稳定性和运行效率。随着互联网的发展，国内供应链金融与互联网结合衍生出新模式。在传统模式下，多层次的贸易层级在产业链中承担了“垫资”任务，互联网使产业扁平化、减少贸易层级的同时，加剧了供应链金融的需求。

在互联网时代，“互联网+”是一种产业互联网发展阶段。国内产业互联网向O2O延伸，已经建立起了封闭可控的“在线支付场景”，各垂直产业的巨大交易市场为供应链金融提供了风险可控且足够实现规模经济的成长空间，实现在线支付结算的产业互联网成为供应链金融优质资产端。与此同时，“互联网+”也给产业互联网企业从事供应链金融提供了更丰富的资金来源，解决了供应链金融过度依赖自有资金和银行的问题，为供应链金融业务打开盈利空间。互联网供应链金融是基于供应链的金融服务方式。资金盈余的核心企业将钱借给资金短缺企业，资金短缺企业返回本金及投资回报或亏损。互联网供应链金融以核心企业为依托，综合运用互联网、大数据、区块链、物联网等技术手段，对融资企业进行整体评价，确保最大限度地提高资金使用效率，控制风险。

在互联网供应链金融模式下，银行不再是唯一提供供应链产品与金融的主体。供应链上下游的行业龙头、电商平台、物流企业等利用其掌握的供应链上下游企业真实贸易信息优势，广泛结合互联网，提供供应链金融服务。

### 3.1.3 互联网供应链金融的信息技术基础

信息技术在互联网供应链金融中扮演了关键角色，帮助企业和金融机构更好地管理供应链、提高效率、降低风险，从而促进互联网供应链金融的发展和创新。互联网供应链金融常用的信息技术如下。

（1）物联网（Internet of Things，IoT）。物联网通过嵌入传感器、通信设备和计算能力来赋予物体智能化和互联性，将各种设备和物体连接到互联网，通过传感器、软件和网络，使它们能够与其他设备和系统进行数据交换和协作，实现信息的收集、交换和分析，以及智能化控制和管理。物联网的核心在于链接，它将人、设备和环境紧密联系在一起，构建一个智能化的生态系统。

物联网的应用范围广泛，如智能家居、智慧城市、智能医疗、工业物联网、农业物联网、智慧交通等。在互联网供应链金融中，物联网主要帮助企业实现资产追踪和管理、库存管理、供应链可视化、风险管理等目标；可用来实时监测供应链中的物理资产，如货物和设备；提高供应链资产可见性，减少损失，以及更好地管理库存和物流，了解供应链上的交易信息，提高供应链的效率和可靠性，促进互联网供应链金融的发展与创新。

（2）区块链技术（Block Chain Technology，BCT）。区块链作为一种分布式数据库技术，其核心是共识机制和密码学技术，当一笔交易发生时，参与修改网络的节点将会共同验证这笔交易的有效性，并将其打包成一个数据块，然后通过加密算法与前一个数据块链接形成新区块。一旦生成的区块被加到链上，就不可以篡改。区块链具有去中心化、不可篡改、透明、安全等特点。

区块链技术应用于供应链中，可以建立可信的、不可篡改的交易记录，以增强供应链的透明性和安全性。它在互联网供应链金融中用于跟踪货物流动信息，确保数据的可信度，以及支持智能合同。这些应用可以改善整个互联网供应链金融生态系统的功能，为互联网供应链参与方带来更大的价值。

（3）大数据分析。大数据分析技术是一组用于处理和分析大规模数据集的计算和分析工具，如数据采集存储的分布式文件系统、数据库、数据仓库和数据湖等。大数据分析技术通过收集、存储和分析海量、多样化的数据来发现潜在的模式、趋势和关联性，以支持决策和创新。

在互联网供应链金融领域，特别强调数据的实时分析和决策应用，常利用分布式计算、云计算和弹性计算等提高处理速度。互联网供应链金融涉及各种类型的数据，包括供应商信息、采购订单、物流数据、交易记录等，利用大数据分析技术可以帮助企业对多样化数据进行整合和分析，如帮助企业分析供应链数据，包括需求预测、库存管理、生产效率等，实时监控和反映市场变化，预测供应链中可能出现的问题和风险，对借贷风险提前做好应对措施。

（4）人工智能（Artificial Intelligence，AI）和机器学习（Machine Learning，ML）。人工智能和机器学习技术是一类模拟人类智能的技术，其核心在于让机器具有像人类一样的学习、推理、规划和决策能力。机器学习是人工智能的一个重要分支，使计算机系统从数据中学习模式和规律，不断优化算法和模型，从而在特定任务上提高性能，实现智能化的决策和预测。

人工智能和机器学习在互联网供应链金融中主要用于提高效率、减少风险和改进决策。例如，人工智能和机器学习模型可以分析历史销售数据、市场趋势、季节性变化等，进而预测需求；利用需求预测与实时销售数据进行库存分析，确保融资企业抵押货物的真实性和可用性；通过监测供应链中的运输、库存和生产过程，提前发现潜在问题，帮助金融机构更好地评估供应链融资交易的信用风险；利用人工智能和机器学习并结合区块链和物联网数据，跟踪产品物流和货物溯源等，分析供应链中的大数据，识别趋势、模式和机会，提供实时洞察和自动化决策支持。

（5）云计算。云计算作为信息技术领域的一项革新性技术，已成为各行各业的重要支撑，为行业带来了前所未有的便利和机遇。特别是在互联网供应链金融领域，云计算技术的应用更是推动了行业的快速发展。

云计算是一种基于互联网的新型计算模式，它将计算任务分布在由大量计算机组成的资源池中，使用户能够根据需求灵活地使用云端的计算资源，而无须建立和维护自己的硬件和软件基础设施。云计算通常包括三种服务模式：基础设施即服务（Infrastructure as a Service，IaaS）、平台即服务（Platform as a Service，PaaS）和软件即服务（Software as a Service，SaaS）。

云计算在互联网供应链金融中可以帮助企业实现供应链的可视化管理和协同合作。通过搭建云端平台，各参与方可以根据实际需求，实时共享信息、协同作业，提高供应链的运作效率和响应速度，包括库存管理、订单处理、文档管理、实时监测等。同时，云计算可以为供应链金融提供强大的数据分析与智能决策支持，通过利用云端的大数据分析平台和机器学习算法，实现实时数据分析、弹性计算资源、保证数据安全和隐私等。

（6）电子数据交换（Electronic Data Interchange，EDI）。电子数据交换技术用于在不同企业之间交换商业电子文档和数据，包括订单、发票、付款通知等。通过将业务数据以标准化的电子格式进行交换，实现企业间的数据快速、准确和安全传输及自动化处理。电子数据交换技术通常使用统一的数据格式和通信协议，如 EDI ANSI X12、EDIFACT 等，以确保不同企业间的数据的互操作性和一致性。

电子数据交换加速了订单处理、发票处理、自动化付款和结算，促进了供应链中信息的流动，减少了人为错误，提高了订单的准确性和可追溯性。电子数据交换和物联网结合使用，可以用于跟踪货物的物流信息，提供实时信息如货物的位置和状态，预估交货时间，改进供应链计划、库存方案，协调订单等，降低库存成本和物流成本。此外，电子数据交换可以生成标准化报告，有利于数据的合规性；通过数据加密机制和访问控制，确保数据的机密性和完整性。

（7）供应链管理（Supply Chain Management，SCM）系统。供应链管理系统是一种综合性管理系统，旨在优化供应链中的各个环节，包括生产、采购、物流、库存、销售等，通过信息技术，如企业资源规划（ERP）、客户关系管理（CRM）和仓库管理系统（WMS）等，实现各环节的高效运作与协同管理，提高供应链的效率和响应速度，降低运营成本，优化资源配置；并通过实时监控供应链的各个环节，进行实时数据分析和预测来支持企业决策。该系统集成了多个功能和领域，提供了供应链计划、需求预测、库存管理、订单处理和跟踪、供应商管理、供应链分析、文档管理、合规性分析、风险执行和监控等功能。

将供应链管理系统与互联网供应链金融相结合，通过供应链管理系统，金融机构可以实时获取供应链中的交易数据、库存数据、物流数据等，实时监控供应链中的各个环节，辅助互联网供应链金融的从业人员更精准地识别趋势、模式和机会，评估供应商的质量、可靠性和交货时间，识别和管理供应链中的风险，了解融资需求和风险，进而更准确地评估企业的信用状况和还款能力，为其提供精准的金融服务，以及更精确地评估和管理供应链融资交易，发现潜在风险并及时采取应对措施。供应链管理系统可以帮助金融机构实现供应链金融产品的创新。通过对供应链数据的深度挖掘和分析，金融机构可以开发出更符合供应链实际需求的金融产品，如订单融资、应收账款融资、存货融资等，为供应链中的企业提供更加多样化的金融服务。供应链管理系统与互联网供应链金融的结合还可以促进供应链中的资金流转。通过电子化的交易平台和支付系统，可以实现供应链中的快速结算和资金清算，降低资金成本，提高资金使用效率。

（8）移动应用和移动设备。移动应用和移动设备给供应链管理者提供了实时访问信息等便利。移动应用指的是能够在移动设备上运行的应用程序，如手机应用、平板电脑应用等。而移动设备则是指能够随时随地携带和使用的便携式电子设备，如智能手机、平板电脑、手持终端等。

供应链管理者可以使用移动应用和移动设备来实时监控供应链活动并进行可视化管理。通过开发供应链管理类的移动应用，处理订单、审批付款等，提高供应链的可见性和决策的实时性，及时掌握供应链的运作状况，提高决策速度和反应能力。通过移动应用和移动设备还可以执行供应链交易，如付款、融资、资金管理等，提高互联网供应链金融流程的灵活性和便捷性，同时移动支付还可以提高支付的安全性和可追溯性，减少支付风险。移动应用和移动设备将进一步拓展金融服务领域，除了支付结算，还可以提供供应链融资、风险管理、保险服务等金融产品和服务，为企业提供更全面、更便捷的互联网供应链金融解决方案，推动供应链金融行业向更加智能化、高效化的方向发展。

（9）虚拟现实（Virtual Reality，VR）和增强现实（Augmented Reality，AR）。虚拟现实也称为虚拟环境。这项技术是指用户通过计算机生成的三维图像和仿真环境，并佩戴头戴式显示器，沉浸在虚拟的现实世界中，与虚拟环境进行交互。作为一种集成型技术，虚拟现实技术涵盖了计算机软硬件技术、传感器技术、立体显示技术、仿真技术与计算机图形学、人机接口技术、多媒体技术、网络技术等。

增强现实技术是一种将真实世界信息和虚拟世界信息“无缝”集成的新技术。将虚拟的数字信息叠加到真实世界中，用户通过摄像头、显示器等设备，可以在现实环境中看到增强的数字内容，实现虚拟与现实的融合。

虚拟现实技术可以模拟真实供应链场景，以及不同供应链场景下的物流运作、库存管理等过程，从而优化供应链的设计和运作。增强现实技术可以将订单信息、货物位置等数据叠加到现实环境中，为物流人员提供更直观、高效的工作体验。利用虚拟现实和增强现实技术的可视性，可以将供应链中的数据可视化为图表和实时地图，提供远程支持和可视化仓库布局，有助于互联网供应链金融的从业人员更好地理解供应链流程，发现问题和机会。虚拟现实和增强现实技术可实时监测设备货物环境，通过增强现实技术来可视化潜在风险和安全问题，互联网供应链金融的从业人员可以结合供应链环境检查风险，制定风险管理策略。

### 3.1.4 互联网供应链金融的特点

（1）供应链金融的线上化、数字化和网络化。通过互联网技术，供应链金融可以突破时间和空间的限制，实现线上化、数字化、网络化。金融服务可以随时随地进行，无须受制于传统金融机构的营业时间和地点，实现更快速、更便捷的服务。大数据、云计算、电子数据交换等技术实现了供应链各方之间的信息共享和数据传输，提高了供应链的可见性和协作效率。供应链参与方可以实时获取和共享关于订单、库存、交付等方面的信息，从而更加及时地做出决策，优化供应链运作。信息的透明度有助于减少供应链中的延误和错误，提高整个供应链的响应速度和灵活性，更好地适应市场需求变化。

互联网技术的应用使得风控等关键业务得以线上化，包括融资申请、风险评估、合同签订等环节，大大提高了服务效率，降低了服务成本。传统的供应链金融通常需要烦琐的手续和复杂的审批流程，通过互联网供应链金融平台，这些过程可以实现自动化和标准化，节省了时间和人力成本，使得供应链金融服务更加便捷、高效。同时，互联网供应链金融能够支持跨国供应链，为全球供应链的发展注入了新活力。

（2）减少融资成本，促进供应链金融的普惠性。互联网供应链金融有助于支持小微企业，这些企业通常面临资金困难。通过在线平台提供各种融资产品，包括供应链融资、应收账款融资和库存融资。这有助于供应链参与方解决资金周转问题，加速现金流，支持生产和交付。为小型供应商、中小企业和新兴市场中的参与方提供了获得资金的机会，能够以较低的成本、更便捷的方式服务于中小微企业，实现金融普惠。

（3）金融服务与实体经济深度融合，减少融资风险。互联网供应链金融依托真实的供应链业务场景，金融服务与实体产业深度融合。结合区块链技术，降低欺诈风险，提高可信度，减少人为错误和缩短交易时间。通过数据分析和风险评估，互联网供应链金融提供更多的信息，使金融机构能够更好地了解供应链中的风险。这有助于减少信用风险，提高融资的可获得性。

（4）整合供应链资源，提升运营效率。互联网供应链金融提供了快速、透明和自动化的融资流程。互联网供应链金融可以整合整个供应链的资源，优化资金流、信息流和物流，通过实时监测和数据分析，提高供应链可见性，让供应链参与方更好地理解供应链流程，发现问题和机会，进而提升整个供应链的运营效率。

（5）创新金融服务，提高融资灵活性。互联网供应链金融能够创新推出基于互联网的、以订单和存货为质押物的融资产品，丰富了银行、供应链核心企业及其他参与方的融资渠道。供应链金融产品可以根据需求定制，提供了更多的灵活性，以满足不同参与方的需求。

## 3.2 大数据支持下的互联网供应链金融运营模式

随着企业数据化转型深入，供应链中参与企业的信息系统承载着大量数据，企业大量的数据以文档的形式存在，供应链企业间的业务流程大多无法通过自动化手段高效实现，大量业务执行作业过程生成的数据并没有得到管理，特别是过程信息，没有形成可视、可管理的数据。供应链企业间在业务执行过程中可能存在大量规则，往往只是通过文件或文档进行管理，未固化到信息系统中，难以灵活调整。此外，海量数据在爆发式地增长，但能够产生价值的数据却有限，存在数据分散、难以拉通等问题。

基于此，本书提出大数据支持下的互联网供应链金融运营模式（ISCFBD），基于互联网平台，面向中小微企业融资。对于应用大数据的企业来讲，可以看到组织的所有业务、财务和相关数据，如商流数据、信息流数据、物流数据等。

本书将 ISCFBD 定义为：在对供应链内部的交易结构进行分析的基础上，引入互联网供应链金融平台、电子商务网络企业、物流监管企业等新的风险监控变量，对供应链的不同节点提供授信支持及其他结算、理财等综合金融业务。该模式为“$N$+1+$M$”模式，其中“$N$”代表供应链中各个不同的主体，“1”是指平台，“$M$”是指众多投资者。该模式通过一个平台集中很多投资者去投资需要融资的多个对象，通过一个平台让供应链中的企业在平台中进行商务活动，实现供应链“四流”合一，即商流、资金流、物流、信息流的整合，针对供应链参与者开展综合的互联网金融活动。这里的供应链概念包括传统的原材料供应商、制造商、分销商、代理商等，即广义的供应链。

### 3.2.1　互联网供应链金融的网络结构

互联网供应链金融平台利用电子商务网络平台多年来积累的中小企业信誉数据库资源，对融资企业进行信用评价、授信可行性分析、信贷审核等。电子商务网络平台收集了企业的大数据和信息流，包括平台认证、注册信息、历史交易记录、客户交互行为等数据，采用电商平台第三方支付等渠道监控其现金流，查看有无出现与贷款目的不符的资金运作，实现实时、有效的贷后跟踪。

互联网供应链金融不同于互联网金融，参与主体范围较大，不仅有互联网金融机构、融资企业，还包括电子商务平台、供应链上的参与企业、第三方物流企业等，它是一种网络生态式系统。不仅供应链各环节都形成了复杂的群落，而且供应链的参与方从直接利益相关方延伸到各种间接利益相关方①。其网络结构呈现出平台化、高度关联化的特征，管理流程具有高度复杂及互动化的特征。本书将互联网供应链金融的参与主体划分为三类：供应链网络和组织产业网络、互联网供应链金融核心企业、征信和信息服务提供者，具体如图 3-1 所示。

互联网供应链金融生态环境在宏观层面主要包括法律环境与技术环境。完善的法律环境能够对信贷人权利提供良好的保护。

① 宋华. 互联网供应链金融［M］. 北京：中国人民大学出版社，2017：61.

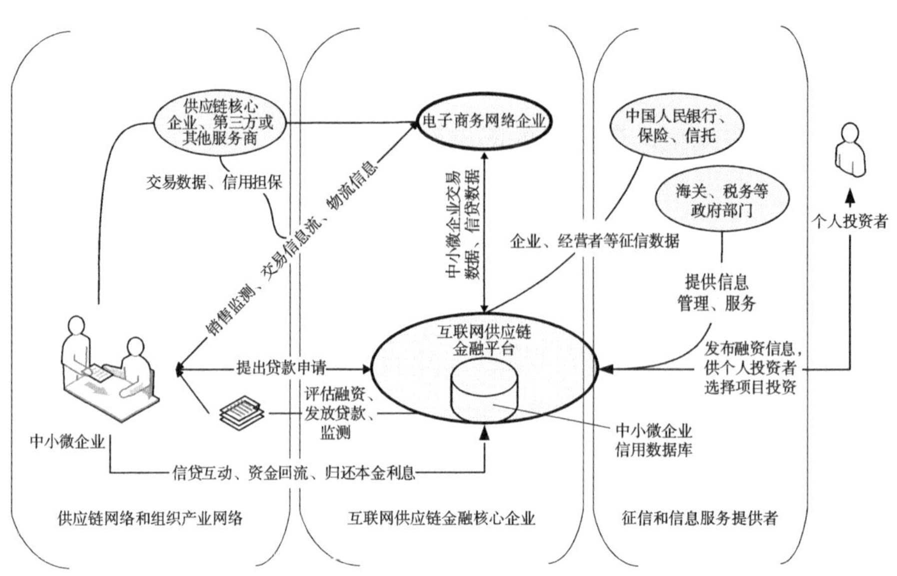


**图 3-1　互联网供应链金融的参与主体**

互联网供应链金融的核心是信息、资产、资金、信用、风险控制。其风险来自互联网供应链金融参与者在金融活动中对未来结果不确定性的展现，包括供应链金融风险及互联网风险、市场风险、信用风险、流动性风险、机会主义、道德风险、技术操作风险等。为了防范风险，需要利用电子商务网络将中小微企业及其所在的供应链纳入互联网供应链金融网络，形成闭合的供应链体系，以实现信息对称。

### 3.2.2　互联网供应链金融的关键信息要素

ISCFBD 综合了互联网金融与供应链金融的特点，紧扣资产端，用良性资产对接资金，更好地实现信息交流、信用和风险控制。根据交易数据、行业规则、商品特点、市场价格、运输安排等交易条件，为供应链上不同交易层次和交易地位的交易主体提供融资方案，根据各交易主体在供应链上的资源、能力、上下游的关系密度和所处的位置等来决定融资量、融资周期和融资利率。

ISCFBD 借助互联网供应链金融平台，服务供应链上的各类中小企业，对信贷企业的信息流、物流、资金流进行实时监控，防止资金被盗用、挪用。ISCFBD 要求整个网络的交易结构、交易关系清晰，并与信息流高度融合，通过信息实现人与物、物与物的互联。其中信息包括结构化的信息，如强调流动中的“物”的相关信息，包括应收账款、库存、预付款、资金运用和偿还情况等；以及非结构化的信息，如网络结构中企业间的沟通、交流等信息。

### 1. 交易信息数字化

供应链管理系统或企业资源规划系统集成了供应链交易信息的收集、处理和传递功能。供应链企业间的交易细节、交易状态、交易单证等及时、有效地在网络中有所反映并被整合。利用云计算平台提供一个安全的环境，可以存储和处理大量交易信息，允许供应链参与方在任何时间和地点访问其数据。互联网供应链金融体系中，引入社交网络数据信息，第三方支付参与到供应链金融中，有面对企业端支付数据的数据流分析，电商平台积累了大量用户的信用和行为数据。及时、有效的信息，能够帮助互联网金融机构更清晰地了解供应链业务的特征以及对融资的需求，可以更有效地提供服务。

交易信息数字化具体包括以下几个方面。

(1) 电子订单。采用电子方式创建、传输和处理订单信息，包括客户订单、采购订单和发货订单等，这使得订单的生成和跟踪更加高效，减少了手工处理的需要。

(2) 电子发票。采用电子发票替代传统的纸质发票，采用电子签名或数字证书认证发票的来源和完整性，确保电子发票的合法性。

（3）物流信息数字化。通过物联网传感器和全球定位系统，跟踪货物的位置、状态和运输进度，有助于供应链金融机构和供应链参与方监控货物的运输状况。

（4）供应商和客户信息。将供应商和客户的信息数字化，包括联系信息、信用信息、历史交易和信用评级等，用于供应链金融机构评估风险和信用可靠性。

（5）支付和结算。使用电子支付和数字货币完成支付和结算，降低了现金处理的风险，提高了交易的速度和可追踪性。

（6）智能合同。采用区块链技术创建智能合同，以实现自动化的合同履行和支付。智能合同可以根据特定条件自动触发支付。

（7）电子数据交换。电子数据交换技术用于标准化和自动化程度不同的供应链参与方之间的数据交换，包括订单、发票、付款信息等。

（8）市场需求数据数字化。分析产品或服务的需求趋势、价格波动和竞争状况。

（9）客户关系管理。数字化的客户关系管理系统，可以更好地管理客户信息、需求和交互，提供更好的客户服务。

### 2. 供应链物流信息及时交换与共享

物流信息对运输管理、库存管理、订单管理、仓库作业管理等其他物流活动具有支持保障的功能。物流企业利用物联网和传感技术监测货物的位置、状态和质量，掌握长期合作的中小企业的销售、库存和物流记录，以及经营状况和信用数据、资金的流转及交易数据，这些数据多为非结构化数据。因此，需要通过信息的及时交换与共享，使供应链中的企业相互协调合作，如可以把物流信息标准化或格式化，通过互联网在相关企业之间进行传送以实现信息共享。

互联网供应链金融物流信息管理的关键要素包括以下几个方面。

（1）实时物流跟踪。使用物联网传感器和全球定位系统，实时监控货物的位置、状态和运输进度，为供应链金融机构和供应链参与方提供物流的实时可见性。电子数据交换技术用于将不同供应链参与方之间的信息进行标准化和自动化，这有助于加速信息交换和降低错误率。

（2）订单和发货信息。包括客户订单、交货订单、发货通知和发货信息，以及货物的详细规格、数量和计划交付日期。

（3）装卸和运输信息。包括装卸过程的详细信息，如运输方式、承运商信息、运输合同和费用等，有助于供应链金融机构了解货物的物流运输情况。

（4）库存信息。包括库存水平、库存位置、库存周转率等信息，用于供应链金融的库存融资，有助于确定可融资的库存价值。

（5）运输成本和费用。包括与物流运作相关的费用，如运输成本、仓储费用和货运保险费用等，有助于供应链金融机构了解整个交易的成本结构。

（6）交货状态和验收信息。交货状态可用于了解货物流通状态。供应链金融机构常通过交货状态和验收请款来释放付款。追踪交货状态和验收信息有利于减少不良账款和降低风险。

（7）关税和清关信息。如涉及国际贸易，关税和清关信息提供了货物价值和进出口活动的详细信息，有助于互联网供应链金融平台了解货物的状态和位置，确定供应链的可持续性、客户信用风险、交易的合规性、贸易融资的可行性。

（8）数据分析工具。数据分析工具用于分析物流信息，以发现趋势、模式和效率改进的机会；并且结合客户历史交易和财务数据，有助于互联网供应链金融机构进行更精确的融资和风险评估，确定融资金额、融资条件、融资利率等，从而提高客户满意度，促进长期合作关系，减少欺诈风险。

（9）互联网供应链金融平台。互联网供应链金融平台允许供应链参与方访问和分享已知信息，以支持融资交易和支付流程。智能合同可以使供应链金融交易自动化，根据特定条件执行付款。这提高了交易的透明性和自动化程度。

### 3. 管理与控制供应链资金流

为了保证资金的正常运转，互联网供应链平台需有效地反映、追踪和监控供应链资金信息，管理和控制资金流在供应链中的流转情况，避免出现资金被占用或挪用的情况。供应链资金流指供应链中资金的流动和循环，包括供应链参与方（如供应商、制造商、分销商和零售商）之间的资金交易、支付和融资等。众多资金流程在供应链中交织在一起，形成了一个复杂的生态系统。互联网供应链金融的目标之一是优化这些流程，以提高资金流动性、减少资金压力、降低成本和提高供应链效率。

供应链资金流主要包括以下要素。

（1）采购资金流。它是涉及采购商品和服务的资金流，过程中，企业将资金支付给供应商以获得原材料、零部件和其他必要的资源。采购资金流管理包括采购订单、发票和付款的资金流管理。

（2）生产资金流。它是指与生产和制造相关的资金流，涉及资金用于购买生产设备、支付劳动力成本以及管理生产过程。生产资金流管理包括工资、设备采购、库存资金和其他生产相关费用的管理。

（3）库存资金流。库存资金流是资金用于购买、储存和管理库存的过程。库存资金流管理包括库存采购、存储成本、库存周转等的管理。

（4）销售资金流。它是指销售产品和服务后收到的资金。销售资金流管理包括销售订单发票、应收账款和应付账款等的管理。

（5）应收账款资金流。应收账款资金流涉及销售产品或提供服务后，客户向企业支付款项的过程。应收账款资金流管理包括与客户的信贷交易管理、账龄管理和催款管理等。

（6）应付账款资金流。应付账款资金流是指企业支付给供应商的未付账款，包括采购订单的付款、发票的支付和其他供应商相关费用支付。

（7）融资资金流。融资资金流是通过外部融资源（如银行贷款、供应链融资和债务融资）获得的资金，用于支持供应链中的各个阶段，包括短期融资、中期融资和长期融资等。

（8）运输和物流资金流。它是指资金用于货物运输、仓储和物流的成本，包括运输费用、仓储费用和与物流合同相关的费用。

（9）费用和开支资金流。它包括一般性和管理性费用、市场费用、销售费用和其他企业运营开支。

### 4. 信用信息的管理

在 ISCFBD 中，信用是其运行的核心要素。参考 Min 等（2008）指出的六大影响企业信用的因素，即销售费用、流动负债比率、相对总资产的借款和应付总额、资本充足率、流动比率及利息保障倍数等。将这些数据在线化，并利用大数据和信息流，收集包括平台认证、注册信息、历史交易记录、客户交互行为等数据，互联网供应链金融平台对数据信息进行汇总后将数值输入网络行为评分模型，进行信用评价。贷款后，通过供应链信息平台渠道监控其现金流，如果出现与贷款目的不符的资金运作，将立即做出测算，控制贷款的不良率。

ISCFBD 涉及的供应链信用信息管理主要包括以下几个方面。

（1）供应商信用评估。定期评估其供应商的信用情况，包括审查供应商的财务健康状况、信用报告、信用评级和支付历史。评估供应商的信用可以帮助企业确定其可信赖性，降低风险。

（2）客户信用评估。评估客户的信用，包括确定客户的信用额度、信用期限和信用政策。客户信用评估有助于减少不良账款风险。

（3）信贷政策。企业需要明确定义和实施供应链中的信贷政策，包括信用额度、信用期限、支付条件和退货政策。信贷政策有助于建立明确的信用管理框架。

（4）信用报告和信用评级。从信用报告机构获取供应链参与方的信用报告和信用评级，了解供应链参与方信用风险的信息。

（5）信用监控。定期监测供应链参与方的信用情况，使用自动化工具来跟踪供应商和客户的信用，发现潜在的信用问题。

（6）供应链金融和融资工具。一些供应链金融工具可以帮助企业管理供应链信用风险，如应收账款融资和供应链融资管理。这些工具可以提供资金，同时降低信用风险。

（7）风险管理策略。开发和执行供应链信用风险管理策略，确定风险接受水平、制订风险缓解计划和建立危机管理措施。

（8）合同和法律条款。合同中的法律条款和条件明确双方的权利和责任，规定违约和争议解决程序。

## 3.3　大数据支持下的互联网供应链金融业务流程管理

### 3.3.1　互联网供应链融资决策智能化

互联网供应链融资决策智能化指的是在供应链中，中小企业融资申请及审批决策过程中能够运用各类信息、大数据，以驱动互联网供应链融资决策。数据驱动的决策制定指的是决策制定的执行是基于数据分析而不是简单凭管理者的直觉[①]。决策智能化主要是通过大数据与模型工具的结合，并通过智能化以及海量的数据分析，最大化地整合供应链信息和客户信息，生成需求预测、库存管理优化方案、生产计划等。平台运作的核心在于实现交易前、中、后全过程的自动化和数据化，金融机构使用大数据分析和人工智能对信息和数据进行挖掘，评估核心企业的信用风险和市场风险，有助于进一步评估借贷企业信用、实现最佳的资金信息匹配，从而实现有效的互联网供应链金融运营决策和匹配。

### 3.3.2　信息流可视化

供应链金融是基于供应链参与企业主体之间的生意关系、合作历史、未来确定的业务开展来融资的[②]。“大数据”能够降低供应链的信息不对称，促进物流企业精准管理存货，并可用于资信评估和风险分

---

① 宋华. 互联网供应链金融［M］. 北京：中国人民大学出版社，2017：43.

② 王雷. 供应链金融：“互联网+”时代的大数据与投行思维［M］. 北京：电子工业出版社，2017：28.

析。大数据可以通过融合云计算和信息技术的优势来影响企业构建基于市场的信用系统。

为保证资金提供平台实现智能决策，大数据支撑下的互联网供应链金融系统将各个环节的数据整合到中心系统，充分运用互联网、物联网等信息技术，实现供应链全程实时可视化，跟踪融资交易和资金流动，包括融资流程处理可视化、交易情况可视化、物流追踪管理可视化等。快速实现其供应链上下游业务的电子协同，实现订单（商流）、运单（物流）、收单（资金流）一体化。交易数据沉淀和供应链合作伙伴担保，有助于互联网供应链金融业务的开展。通过大数据分析，可以改善金融机构与中小企业之间的信息不对称情况。

### 3.3.3 互联网供应链金融产品

大数据技术支持下的线上交易没有质押物的互联网供应链金融体系，涉及的互联网供应链金融产品主要包括应收账款融资、预付账款融资、订单融资、动产质押融资等。

（1）互联网应收账款融资是常见的以资产控制为基础的商业贷款模式。将其引入互联网供应链金融中后，借款人以自己应收账款的价值作为融资的担保，取得资金后用于支持生产和销售活动。融资的还款来源是应收账款回收产生的现金流。互联网金融更加强调数据质押，重点分析应收账款产生的真实性以及定期核查应收账款账龄，从而控制企业的现金回流以及审计。

（2）互联网预付账款融资是指用未来存货进行融资。担保基础是基于历史交易记录的预付款项下客户对供应商的提货权。通过大数据交叉分析，对平台上有良好交易和销售状况的企业，由买方承运，互联网金融机构指定合作物流公司控制物流环节，形成在途库存质押，以减少违约风险。

（3）互联网订单融资是指借贷企业凭信用良好的买方产品订单，在技术成熟、生产能力有保障并能提供有效担保的条件下，由银行提供专项贷款，供企业购买材料组织生产，企业在收到货款后立即偿还贷款的业务。

（4）互联网动产质押融资。动产质押是指债务人或者第三人将其动产移交债权人占有，将该动产作为债权的担保。债务人不履行债务时，债权人有权按照相关规定以该动产折价或者以拍卖、变卖该动产的价款优先出售偿还。供应链金融中常见的动产质押有仓单质押，借款企业、物流企业和供应商达成三方协议，借款企业将质押物寄存在物流企业的仓库中，然后凭借物流企业开具的仓单向互联网供应链金融平台申请贷款融资。互联网供应链金融平台根据质押物的价值和其他相关因素向借款企业提供一定比例的贷款。在此，需重点注意动产质押的风险，跟踪质押物的物流状态与对应的质押信息，确保质押物客观真实存在、质押动产与仓单一一对应、登记对象的唯一性等。

例如，京东供应链金融科技平台依托京东科技、京东零售、京东物流等系统联动及大数据风控，为已入仓的货物提供精确估值，为产业链上下游商家提供动产融资服务。在货物入仓环节，商家即可申请融资，实现“入仓即可贷”；借助多系统联动，大大简化了商家操作流程，提高了审批时效和尽调时效；帮助商家解决因囤货占用流动资金问题①。

① 央广网：京东供应链金融科技动产融资服务对第三方物流仓全面开放，https://tech.cnr.cn/techph/20231025/t20231025_526463208.shtml.

# 第 4 章

# 互联网供应链金融协调创新与技术支撑

## 4.1　在线网络支持下的供应链金融网络平台

### 4.1.1　“物联+互联+行业”创建实时数据流监管动产

#### 1. 物联网概述

信息技术的发展在许多方面改变了人们的生活，改变了企业的业务模式。物联网作为连接物理世界和数字世界的新兴技术，促进了制造企业业务流程的巨大变化，如自动化、数字化。云计算技术与边缘计算和物联网技术相结合，实现了对供应链中边缘设备和传感器数据的实时处理和分析。这将为供应链金融提供更加智能化和精准化的服务，推动供应链的数字化转型和智能化升级。

物联网可以简单地理解为人类—计算机—事物之间的联系，即物理世界其他元素的数字化。它是指通过信息传感设备，如射频识别

（RFID）、红外感应器、全球定位系统、激光扫描器等，按照约定的互联网协议，对任何物品进行信息交换和通信，通过对动产的实时穿透，实现智能化识别、定位、跟踪、监控和管理的一个网络。在互联网协议下，任何项目与用于信息交换和通信的唯一 IP 地址链接，可以实现项目的智能定位、追踪、监控和管理。

物联网包含三个基本组成部分：面向互联网（中间件）、面向事物（设备、传感器）和面向语义（知识）。面向互联网的组成部分包括必要的技术和协议，以确保物理对象的联网及其在互联网上的可访问性。面向事物的组成部分包括设备、智能对象（如传感器、执行器、射频识别技术）等。面向语义的组成部分包括数据管理、通过 Web 界面访问资源链接。其中，射频识别的基础部件是一个存储电子产品代码的电子标签，通过电子设备（阅读器）使用无线射频电波来识别标记物体，实现自动识别和捕获数据。RFID 现已广泛应用于零售、制造、医疗保健、农业、运输、服装、矿产、建筑等行业，RFID 的使用有助于企业提高自动化率，显著减少手动任务和错误。RFID 获取的大量数据，有助于构建准确的模拟模型来监测业务量及流程效率。物联网通过实物资产系统、信息基础设施和决策支持系统等，集成具有交互能力的物体，提升了互联网的普遍性，辅助企业实现可见性和信息共享。Trabucchi 等（2019）专注于利用企业获得的大数据，他们指出物联网是数据采集技术的基础设施。

具体来说，物联网就是通过各种信息传感器、射频识别技术、全球定位系统、红外感应器和激光扫描器等装置，实时采集任何需要监控、连接、互动的物体或过程，采集其声、光、热、电、力学、化学、生物、位置等各种信息，通过各类可能的网络接入，实现物与物、物与人的泛在连接，以及对物品和过程的智能化感知、识别和管理。物联网的使用提供了新商业模式所需的设备与技术，有助于塑造数字文化，为企业提供创造价值的机会，拓宽企业的收入源。物联网的应用，对企业运营管理、业务流程系统、商业模式的构建都产生了深远影响（Lombardi，2019；Murray et al.，2016）。物联网在智能电网、智能家居、智慧城市、能源和环境、交通运输、医疗保健、贸易和工业、图书馆、农业、供应链和公共管理领域备受关注（Golpîra et al.，2021）。有研究指出，2020 年，全球主动连接的设备中，物联网设备的数量首次超过非物联网连接，物联网的应用边界已经大大扩展。

具 IoT Analytics 统计，全球物联网连接数约 150 亿，国内接近 80 亿。智次方·挚物产业研究院根据无源物联网产业发展成熟度评估模型，预计到 2030 年，国内无源物联网市场规模将达 525 亿元。供应链金融机构结合多云/混合云架构，通过跨云平台和多云服务的整合，实现对计算和存储资源的最优配置和管理，将提高供应链金融的灵活性和可靠性，降低系统故障和风险。云计算技术更加注重数据安全和隐私保护，通过加强数据加密、身份认证和访问控制等技术手段，保护供应链金融中的敏感信息和业务数据，防范数据泄露和攻击风险。

### 2. 物联网对供应链运营的作用

近年来，物联网技术在各个领域的发展应用呈指数级增长。高性能计算技术的增长，使得企业大规模的协作生产以及解决复杂问题成为可能。物联网将网络连接和计算能力广泛部署到传感器、计算机等设备，使对象之间实现互联，进而实现数据管理、数据挖掘、数据治理。物联网技术为企业提供了许多新的功能与服务，有利于其提高运营效率，确保活动便利和保持竞争优势。通过使用物联网，实时捕捉组织实体、业务流程和人员之间的信息交互，简化信息流，在供应链所有阶段提供实质性的效率收益（Fan et al.，2015）。物联网促进了制造流程的数字化，实现了数据的实时收集，从而促进了供应链业务流程的无缝衔接。

在供应链背景下，物联网被定义为物理对象以数字方式连接到企业内部，使企业与其供应链之间存在感知、监控和交互性，从而实现信息可见性、信息跟踪与共享，实现业务敏捷性，促进供应链流程计划、控制与协调（Ben-Daya et al.，2017）。物联网进一步通过改进决策计划来帮助实现智能制造和可持续供应链管理，以减少能源和资源的消耗，如基于物联网开发智能生产调度和物流交付模型，促进智能制造的可持续发展。物联网提高了企业间的信息透明度，与企业信息系统的集成可以进一步提高企业的数据处理能力。

在工业企业中使用物联网，将物联网传感器和设备纳入制造操作流程中，使企业能够实时收集重要数据，然后利用其做出明智的决策和优化流程。预测性维护是物联网在制造业中的主要优势。制造商可以通过密切关注机器并实时寻找异常情况来预测何时需要维护，并避免出现代价高昂的故障。这可以减少维修需求，延长机器的使用寿命，并节省资金。由于库存水平、运输地点和预期交付时间表的透明度有所提高，供应链管理也可以从物联网中受益。使用这些信息可以管理库存水平、减少浪费和加快交货时间，从而提高客户满意度并获得积极的业务成果。

此外，物联网可以通过在装配线的每个阶段关注产品来改善制造质量控制。实时检测缺陷和其他质量问题可以减少浪费，同时提高产出标准。但想要采用物联网的制造企业必须仔细规划和执行。这个过程需要与技术提供商和系统集成商结成联盟，以及评估各种物联网技术。当涉及物联网设备时，制造商还需要保护客户信息的机密性。制造企业可以从物联网中获益匪浅，但它们需要战略性地做到这一点。制造商可以通过采用物联网来提高生产力、削减成本，并引领其在本领域的创新。

在供应链层面，物联网具有五种战略能力，即数字业务模式开发、可扩展的解决方案平台构建、价值销售、价值交付以及商业智能和测量。物联网可以降低企业运营成本，提高响应敏捷性，创新客户服务，使客户服务更加个性化。例如，在信息共享中，使用物联网有助于企业更好地了解客户需求，加强与客户的合作，为客户提供更好的需求规划和服务。大数据技术可以应用于手机和处理供应链中物联网设备生成的数据，使企业能够找到流程缺陷，减少制造流程出错造成的昂贵代价。

物联网的使用有利于传统制造企业转向以服务为中心的商业模式，物联网作为关键工具，可以促进制造企业构建融合服务的制造业新商业模式。

### 3. “物联网+人工智能+行业”集成式实施数据流监管

在大数据模式下实施风险评估监控和贷款授信，既考虑了历史数据又考虑了实时数据，能够全面辨识融资对象的经营能力、潜在能力和潜在风险。因此，互联网供应链金融平台须具备对实时大规模数据进行分析的能力，并预测短期内的供应链经营状态。

物联网技术作为信息与通信技术计划的一部分，在控制和管理生产流程方面发挥着重要作用。物联网与供应链相关的研究集中在 RFID 技术、工业 4.0 技术、逆向物流技术等。物联网技术的应用有助于升级供应链管理和物流系统，确保在正确的时间向正确的客户交付产品。物联网等新技术的出现，有效改善了供应链信息交流，促进了供应链中商品的监测（Perussi et al.，2019；Treiblmaier，2018；Treiblmaier et al.，2020）。

随着技术的驱动，以及越来越多的利益相关者参与到日益复杂的价值网络，物联网使供应链变得更智能，加强了供应链伙伴之间的合作。

RFID 在整个供应链中提供了更高的可见性、可追踪性和信息交互性，如对制造流程中涉及的产品、材料、资产的追踪，了解物品的地点和存储环境，有利于信息存储，并保留制造、分销等环节的历史数据。借助对流程的实时监控，可以计算一些企业关键绩效指标，如生产率、效率、安全性、可靠性等，协助管理人员更好地制定出改善工作环境、提高质量预测、降低错误的制度（Syafrudin et al.，2018）。RFID 系统收集的数据在进行分析后可以用于服务创新、品牌差异化战略、提升竞争力与客户忠诚度等方面（Öztayşi et al.，2009）。随着计算机技术、传感器技术和数据库技术的发展和改进，互联网和物联网的监测工具越来越多样化。

创建实时数据流的关键在于“连接”——行业数字化与智能制造的关键因素。“物联”即“物联网”，物物相连的互联网。物联网通过智能感知、射频识别技术与普适计算等通信感知技术，按约定的协议，把任何物品与物联网连接起来。物联网的核心和基础仍然是互联网，它是在互联网基础上延伸和扩展的网络。其用户端延伸和扩展到了任何物品与物品之间，进行信息交换和通信。

物联网的使用可以帮助供应链金融平台监控作为质押物的动产，即实现“物联+云”。互联网供应链金融网络离不开强大的平台，业务的多样性、架构的复杂性、数据的实时性要求供应链金融平台的信息系统具备多云协作和管理的能力。

信息化必然整合各类用户兴趣数据、用户行为数据，并在大数据平台的基础上，利用元数据实现平台间的数据共享。依靠“电子化网络平台+票据”模式进行融资，电子化网络平台是数据传输的平台，融资企业可以传输融资所需要的财务信息、交易信息、结算信息等。信息技术的发展加强了原产地到消费地的商品、服务和信息的流动和存储的规划、实施和控制，从而优化业务运营和价值链活动。

随着物联网不断生成和传输来自用户生活各个方面的数据，用户信息面临隐私漏洞，安全性是物联网面临的关键问题之一，有必要引入强大的创新方案，从而增强数据保护、增强隐私保护、确保物联网生态系统安全。区块链在应对各种物联网领域的关键挑战方面展现出了较大的潜力，无论是物联网系统的访问控制和管理、提高无线传感器网络效率，还是改变传统系统和交易，区块链都可以提供一种解决方案，提供一个安全和分散的机制来管理跨多个设备的访问权限。同时，引入人工智能，可以利用机器视觉和传感技术，对互联网供应链金融相关流程数据进行实时监测和分析，从而识别缺陷和异常情况。

### 4.1.2　互联网供应链金融信用体系的基础范式——基于区块链共享信用

#### 1. 区块链技术概述

区块链的理论基础由来已久，可以追溯到 Haber 和 Stornetta 从 1991 年开始发表的一系列论文，他们提出了一种可以安全地对数字文件进行时间戳记录的方法。时间戳是为了记录文件创建的大概时间，可以准确反映文件创建的先后顺序。时间戳的安全性体现在文件的时间戳一旦生成，便无法改变。区块链最初应用于比特币交易中，生成了一本全网记录所有已发生的比特币交易的公开账本，它是所有网络交易的无信任证明机制。区块链主要由三个关键部分组成：交易、交易记录、验证和存储交易的系统。区块链不仅能用于交易，还能作为一种用于记录（如有形资产、无形资产、交易记录等）、追踪、监测、转移所有资产的数据库和库存清单，以及用于生成和记录有关交易的信息（如交易何时发生以及所有交易的时间顺序），这一系列信息存储在所谓的“块”中。所谓区块链，就是把这些信息“块”相互链接起来形成一个链条来彼此验证。任何节点可以随时加入或离开这个链条，整个链条每隔一段时间就更新一次，修改信息通过全网广播到所有节点，所有节点通过算法达成共识后认可并存储修改的内容到各自的数据库里，全链共享一个大的分布式数据库（共享账本），每个节点的小数据库通过某种方式存储全链信息或部分信息，而这个数据库对链内成员是透明的，并且是实时可见的。

区块链技术基于点到点的分散式网络，分布式哈希表由分散式分层拓扑中的节点子集维护。分布式哈希表与中央目录服务器相反，包含资源定位的信息。资源位置存储在哈希表中，便于后期访问。分散式非结构化架构没有中央目录服务器，对文件存储无严格限制，具有强适应性特点，同时由于区块链是分散式网络结构，使得不可能从该系统中删除任何节点的信息，具有不可篡改性。

区块链技术的核心技术包括四个方面：共享账本、智能合约、隐私保护和共识算法。它的应用并不限于数字货币，其通过算法的设计，去掉了中介担保过程，以点对点的方式让在线支付能够直接由一方发起并支付给另一方，中间不需要通过任何的金融机构或中介机构。这个过程也适用于其他任何有价值的信息传递，而且整个过程不可篡改。它允许多方安全、可靠地传输和存储信息，提供了传统数据库不具备的责任，允许安全交易，而不需要使用中央机构即银行。区块链技术的发展有助于数字化时代信用体系、价值体系和交易体系的构建。

### 2. 区块链与物联网的融合

在互联网供应链金融中，为解决信息不对称问题，金融服务提供平台（ERP 云平台）需要保持中立性原则，并去中心化，允许相关交易内容和应用程序可以被供应链参与者或相关利益者访问，即最主要的三个方面：可见性、流程优化和需求管理。基于交易、订单、动产质押等进行互联网供应链融资，最基本的要求是保证交易、订单、资产等真实有效，并进行实时监控。在“物联+互联+行业”体系中，互联网、全球定位系统、物联网使得商家的交易信息、人及货物的位置信息、物联网信息全部被记录下来。随着越来越多的设备创建大量数据，企业希望利用物联网创建和使用这些数据，安全性和问责制将成为主要障碍。

当连接物联网的数据包沿多个分布点传送时，该数据包的位置和环境等信息可在区块链上实时更新，各相关方动态分享数据包的信息和动态，以确保遵循合约的各项条款。而物联网与区块链的结合，可以提高信息通信的透明度，确保产品特性被追踪，实现端到端的供应链可见性。物联网与区块链的融合，正在塑造多样化的领域。

因此，在创建实时数据监管动产的同时，还要建立基于区块链的开源交易数据库。区块链参与物联网设备之间的实际数据交换，物联网设备交互生成的所有数据都使用区块链进行传输。区块链分布式及防篡改的特性有利于执行服务交付过程。区块链分布式计算机网络的地址空间要比物联网使用的互联网协议第 6 版（IPv6）大，结合区块链的使用，在向用户提供图形用户界面时可以防止串通。

区块链与物联网的融合，重点之一是信息安全与数据保护。①数据确权。区块链的去中心化和不可篡改的特性，可以解决数据确权问题。区块链的安全特征来自其加密算法及网络的分散性。区块链中的每个块都通过加密散列函数链接到链上的每个块，使数据在记录后几乎不可能更改。由于数据存储在计算机网络上，而不是中央服务器上，黑客很难破坏系统。②区块链的适应性能够解决信息安全问题。将区块链数据库并入物联网解决方案，可能是确保这些数据安全的一种方法，区块链与物联网结合，有利于保护物联网。通过将交易信息保存在区块链中，实现全生命周期交易的追踪及管理对象的身份认证识别，并确保对象准确注册及报告信息，提供一个可信的区块链记录地址以保证交易的可见性、真实性。③通过区块链解决物联网海量设备和节点之间的信任问题及金融交易。物联网设备中的容错可以利用区块链加密和分布式分类账等技术实现，各种设备能够与基于区块链的分类账户相互沟通，以更新或验证智能合约，同时保护信息的完整性与同步性，增强隐私保护。④区块链的加密技术和智能合约的自我执行能力，可以防止数据被篡改或删除，确保数据的真实性，同时，区块链的不变性确保了数据完整性。

区块链与物联网的融合，重点之二是数据管理。数据管理主要指数据的收集、处理、存储、传播、保护和检索。①数据收集。物联网中的数据主要通过传感器从各种连接设备采集而来。使用区块链的分布式分类账，可以从物联网系统中收集数据。②数据处理。智能合约在区块链运行处理数据时起着关键作用，区块链的共识机制，如工作量证明（PoW）和权益证明（PoS）等，可以确保数据的一致性和有效性，避免数据冗余和冲突。③数据存储。物联网设备产生的数据量巨大，区块链利用各种加密方法来存储数据，分布式存储不仅可以高效地存储和管理这些数据，同时能够保证数据的一致性。④数据传播。通过区块链技术，物联网设备之间的数据可以安全地进行共享和交换，无需中央协调或第三方中介，同时也保护了数据的隐私和安全。⑤数据保护。区块链的透明性和可追溯性，使得数据的审计和监管变得更加容易。当出现问题时，可以迅速定位和解决。利用校验、镜像、循环冗余检查、奇偶校验等检测数据的完整性。⑥数据检索。在融合后的系统中，数据的价值不再由某个个体或组织独占，而是服务提供商、设备制造商、用户等多方共同受益。用户不再仅是数据的提供者，还是数据的使用者和受益者。得益于区块链的透明性和可追溯性，用户可以随时检索或追溯数据，增强了相互之间的信任与协作。

## 4.2　互联网供应链金融行业整合协同创新发展模式

### 4.2.1　互联网供应链金融网络数据处理和应用框架

在前文分析的基础上，构建互联网供应链金融网络线上大数据处理和应用框架。

（1）构建平台，利用区块链技术将供应链数字化。该平台旨在追踪商品流向，将贸易数字化。该平台使参与者可以查看在线商品的进展情况，查看提货单、海关文件状态等，减少或消除产品运输中的欺诈和错误，同时最大限度地减少中间环节，如托运人、货运代理等。加密交易记录以及提供简单的交易认证方式，提高供应链网络的透明度。

（2）设计基于区块链的财务运营网络，简化供应链融资。通过使用区块链式的金融平台，提供单一的共享数据视图，每笔支付、每笔供应链交易都可以更加透明，易于管理及对交易进行验证，简化文件处理，降低供应链融资成本。供应链网络的透明化有助于减少欺诈和增加安全性，降低融资机构的信用风险，也可以在一定程度上缩短付款周期。

（3）设计互联网供应链金融生态系统。支持多用户，为参与方快速接入区块链系统提供服务。封装应用系统与区块链的通信、认证、智能合约调用等交互功能，有开发能力的参与方可以通过应用 API 接口，实现现有系统与区块链系统直接进行通信。通过分布式账本技术，可以提高包含应收账款、应付账款等在内的贸易资产的起始状态、分配、跟踪、结算和核对等流程的自动化及安全性，为供应链提供更具竞争力的资金获取方式。大型电商企业以及个人投资者的参与，使供应链中的较小企业（供应商、零售商等）可以获得资本，而大型制造商则可以看到供应链运作的情况。

（4）区块链管理系统。提供区块链系统的管理功能，参与者接入注册、注销、智能合约发布、升级、区块链平台监测等功能，智能合约在区块链平台上运行，由区块链管理系统进行部署、升级、管理。

（5）安全及隐私问题。使用区块链系统的供应商出于技术隐私，可能会保留与其他供应链成员进行金融交易所需要的隐私。如果实现无纸贸易，那么数据隐私问题以及如何让所有的供应链成员参与等问题仍然面临安全方面的挑战。

### 4.2.2　互联网供应链金融交易单元与行业协同整合模式

#### 1. 基于区块链应收账款融资

在供应链中，赊销是主要的销售方式，供应商普遍承受着现金流紧张的压力。供应链应收账款融资是指企业为取得运营资金，以卖方与买方签订真实贸易合同产生的应收账款为基础，为卖方提供的，并以合同项下的应收账款作为还款来源的融资业务。在线下交易中，供应商首先与供应链下游企业达成交易，下游企业发出应收账款单据。供应商将应收账款单据转让给金融机构，同时供应链下游企业对金融机构做出付款承诺。金融机构此时给供应商提供信用贷款，缓解供应商的资金压力。对于上游企业转让给金融机构的应收账款，贸易背景的真实性以及应收账款的回款信息成为最需要关注的两个关键点，因为前者是整个融资业务的基础，而后者则是融资风险控制的保障。金融机构需要验证供应链业务和票据本身的真实性，这增加了信用风险和风控成本。

在互联网供应链金融模式下，投资者较多，且多数中小投资者无法实地考察核心企业的信用及票据的真实性。互联网供应链金融强调效率，需要解决票据流转过程中出现的虚假票据、重复查验真实性等问题。核心企业及供应商的信用需要通过风险监控指标及信用评判方法由互联网金融机构审核判断，提供信用报告供投资者参考。而票据及交易的真实性，可通过基于区块链的供应链金融提供解决方案。其融资过程如下。

（1）供应商（中小企业，下同）与核心企业签订合同并生成智能合约写入区块链。

（2）由供应商先行将货物（含电子标签）发放给核心企业，并形成物联网及区块链系统货物交易信息。

（3）核心企业收到货物后开具应收账款票据，形成应收账款，并写入区块链票据流转系统，形成文件凭证。

（4）供应商根据区块链应收账款电子票据、交易信息及物联网中的货物信息等电子凭证，向互联网供应链金融平台发出以应收账款为抵押的融资申请；平台向核心企业发送转让应收账款通知。

（5）核心企业确认转让应收账款信息。

（6）互联网供应链金融平台对核心企业的信用、贷款企业的资信水平、区块链系统及物流网系统中交易的真实性进行严格的风控与资格审查，形成项目借贷信息质量评估报告并发布。资信评估方式包括从电子商务网络平台、人民银行、海关调取部分资信数据等。

(7) 投资者根据报告选择投资项目，并进行项目筹资。

(8) 互联网供应链金融平台根据筹集资金情况向供应商发放不超过应收账款限额的资金支持。

(9) 中小企业按合同约定支付利息。

(10) 核心企业支付货款给互联网供应链金融平台。

(11) 互联网供应链金融平台根据与投资者的约定支付本金及利息。

在应收账款融资模式下，对应的信息流主要是区块链交易信息流、物联网货物位置信息流以及电商、物流企业交易信息流等。票据流则通过区块链技术保证其真实性及有效性，资金来源则为参与互联网金融的多方投资者。

### 2. 基于区块链预付账款融资

在细分产业链之间差异不大的行业如电商行业，其产业链主体主要是上游的产品制造商、供应商，中游的代理商、经销商等中小贸易企业，以及直接面对终端客户的零售店铺。

在电商行业产业链中，信息流主要通过对总体趋势的提前预估和与具体的实际情况相结合的方式进行传导。电商零售店铺对终端客户需求进行相关的预测，从而向产品经销企业采购相关产品，经销商按照零售店铺的要求和自己的判断向生产制造企业进行采购和备货。处于中游的经销商，不直接面对消费者，其主要经销形式是进驻大型电商行业平台进行销售，电商行业平台的收费以及销售回款方面的因素使经销商面对一定的资金压力。而且经销商与生产制造商之间的交易中，由于交易地位的不对等，制造商要求经销商支付现款或缴纳数额较高的预付款，这也使产品经销商在资金方面有一定的困难。下游零售店铺直接面对终端消费者，它们可以直接销售并获得回款，与上游的参与方相比较为强势，现金流较好，但对于刚建店铺，仍会有预付货款或备货资金压力。

传统预付账款融资模式的定义为：在上游企业承诺回购的前提下，由第三方物流企业提供信用担保，中小企业以金融机构指定仓库向银行等金融机构申请质押贷款来缓解预付账款压力，同时又由金融机构控制其提货权的融资业务。

该模式涉及卖家及时发货、发货不足的退款、到货通知以及在途风险控制等环节，供应链金融更加注重团队的能力。而在互联网金融模式下，由于投资方、需求方、担保方往往不在同一地理位置，需要将信息流、资金流、物流“三合一”地融入一个相对封闭的、可控的供应链中，特别是解决信用担保问题。

因此，将互联网供应链金融模式中的预付账款融资定义为：在上游（核心）企业承诺回购的前提下，基于区块链及物联网平台形成相对封闭的可控供应链，由上游核心企业提供信用担保，中小融资企业缴纳一定数额的保证金，以互联网供应链金融平台指定仓库向互联网供应链金融机构申请质押贷款来缓解预付账款压力，区块链及物联网平台帮助解决货权的流转和监控，各参与方通过智能合约的执行自动触发货权转移等操作。

在融资企业（经销商/买方）交纳一定保证金的前提下，互联网供应链金融平台（简称“平台”）贷出全额货款供融资企业向核心企业（卖方）采购用于授信的抵押物和质押物。随后，客户分次向平台提交提货保证金，平台再分次通知卖方给融资企业发货。卖方就发货不足部分向平台承担退款责任。采用该方式，对互联网供应链金融平台而言，将卖方和物流监管合二为一，在简化风险控制的同时，引入卖方发货不足的退款责任，可解决互联网金融多方不在同一地点抵押物和质押物变现难的问题。

在预付账款融资模式中，企业向金融机构申请贷款用于向核心企业进货需要关注的风险因素有：伪造贸易背景，挪用贷款资金，文本签署不规范，不通过互联网供应链金融平台结算，贷款未按约定渠道回笼，借款人挪用回款，订单取消或延期执行等。

因此，特别需要通过对现金流进行封闭式运作以规避风险。对上游客户发货、退款和回购等履约能力进行考察，需要确定融资企业与上下游企业信息账号的交接、融资企业抬头已经形成的应收账款金额，查看与下游企业的历史订单情况和结算情况、系统账户状态是否正常、监管账户的监管交接工作等。通过对质押物的选择来规避风险，引入第三方监管企业（一般来说是物流企业）对货物进行监管。确定在途风险的防范、损失责任的认定，以及对货物入库环节的控制。如果中小企业丧失还款能力，应通过核心企业回收来解决货物的处理问题。

区块链技术需要关注的关键点在于如何确保上下游企业的融资用途不被篡改，参与企业被授权查看区块链信息，包括第三方监管企业的货物评估与监管信息、中小企业的资金信息等。

下面将详细阐述基于区块链的互联网预付账款融资的主要步骤。

（1）经销商与核心企业签订商品销售合同，并生成智能合约写入区块链。

（2）经销商向互联网供应链金融平台申请以核心企业为收款人的承兑汇票，写入区块链票据流转系统，并按照规定比例交存保证金。

（3）互联网供应链金融平台根据经销商及核心企业的以往交易记录、核心企业资质、回购条款等的审核确定授信额度，在平台发布融资项目筹集资金。资金筹集到位后为经销商开立承兑汇票，写入区块链票据流转系统。

（4）互联网供应链金融平台按照保证金余额的规定比例签发提货通知单形成智能合约，并将承兑汇票和提货通知单一同交给核心企业授权的部门和人员。

（5）核心企业根据互联网供应链金融平台签发的提货智能合约通过第三方物流向经销商发货，触发付款智能合约，由互联网供应链金融平台付款给核心企业，并写入物联网和区块链系统，进行货物确权，物流信息通过物联网和区块链系统进行监控。

（6）经销商销售产品后，在互联网供应链金融平台续存保证金，并写入区块链，触发付款智能合约及提货智能合约。

（7）互联网供应链金融平台收妥保证金后，再次向核心企业触发与续存保证金相同的提货智能合约，并写入物联网和区块链系统。

（8）核心企业再次根据互联网供应链金融平台签发的提货智能合约通过第三方物流向经销商发货，触发付款智能合约，由互联网供应链金融平台付款给核心企业，并写入物联网和区块链系统，进行货物确权，物流信息通过物联网和区块链系统进行监控。

（9）发货结束前，循环第（7）~（8）步。平台累计发出提货智能合约的金额不超过在平台交存的保证金金额。

（10）核心企业再次向经销商发货，如此循环操作，直至经销商交存的保证金还剩一半。

（11）互联网供应链金融平台承兑汇票到期前 15 天，如经销商存入的保证金不足以兑付承兑汇票，平台要以书面形式通知经销商与核心企业组织资金兑付，如到期日经销商仍未备足应付资金，核心企业必须无条件向平台支付已到期的承兑汇票和提货智能合约的差额及相关利息等费用。

该系统对应的信息流仍主要是区块链交易信息流、物联网货物位置信息流，以及电商、物流企业交易信息流等。票据流则通过区块链技术保证其真实性及有效性，资金来源则为参与互联网金融的多方投资者。

### 3. 基于区块链的订单融资或贸易数据融资

应收账款融资与预付账款融资在贸易领域是常见的融资模式，以核心企业为依托，以真实的交易为前提，通过将核心企业的应收账款质押、货权质押等为供应链上下游企业提供相应的金融产品和服务。在实际的金融操作中，金融机构非常关注应收账款债权转让通知的法律效力，如果核心企业无法签回，金融机构不会愿意授信。而基于区块链与物联网的互联网供应链金融平台，可监控应收账款票据以及货权归属问题，金融机构与核心企业之间可以打造一个联盟链，利用区块链多方签名、不可篡改的特点，使得债权转让得到多方共识，降低操作难度。

在电商及互联网金融实践中，融资企业凭借信用良好的买方的产品订单，基于其在供应链中的历史贸易数据，在技术成熟、生产能力有保障并能提供有效担保的条件下，与上下游企业交易生成有效订单后，通过这些订单在线向互联网供应链金融平台申请融资，用于购买材料，组织生产或销售，互联网供应链金融平台审核后发放无抵押贷款，其还款来源为订单回款，企业在收到货款后立即偿还贷款。这种模式称为互联网订单融资或贸易数据融资。

订单融资最大的风险来源于贸易的真实性，系统设计的重点需要将整个贸易相关单证链条引入区块链平台，把物流、仓储、税务等信息汇总，形成平台上信息的完整闭环。互联网供应链金融平台可以追溯每个节点的交易，形成可视性的交易流程图。其操作步骤如下。

（1）融资企业与购货方签订购销合同，生成智能合约写入区块链，并取得购货订单；持购销合同和购货订单向互联网供应链金融平台申请订单融资。或者，凭融资企业在电商平台（线上供应链平台等）上的历史交易记录及企业销售预测单，向互联网供应链金融平台申请贸易数据融资。

（2）互联网供应链金融平台确认合同、订单、历史交易记录、销售预测、市场预期等的真实性和有效性，确定融资企业的授信额度后，融资企业在互联网供应链金融平台开立销售结算专用账户，并与平台、投资方共同监管。

（3）融资企业与互联网供应链金融平台签订订单融资合同及相关担保合同，交纳保证金，生成智能合约，写入区块链。

（4）融资企业向上游供应商采购原材料等，货物流转及货权转让流转通过物联网系统进行监控，上游供应商委托第三方物流企业发货。

（5）货权转让后触发付款智能合约，互联网供应链金融平台向上游供应商发放贷款。

（6）融资企业销售货物，购买方收到货物后，开具收货验收单，货权转让信息流转进入物联网和区块链系统。

（7）购买方支付货款至融资企业与互联网供应链金融平台销售结算共管专用账户。

（8）互联网供应链金融平台按照合同约定定期扣除约定还款额及服务费用，利润划款至融资企业。

（9）互联网供应链金融平台按照合同约定定期划款至投资人。

（10）经销商销售产品后，在互联网供应链金融平台续存保证金，并写入区块链，重复执行第（3）～（9）步，直至合同约定交易事项结束。

该融资模式由于采用订单融资或贸易数据融资，无抵押物和质押物，由融资企业自行经营销售，利用销售收入还款，主要对应的信息流除区块链交易信息流、物联网货物位置信息流以及电商、物流企业交易信息流外，还有电子商务平台（或 ERP 云平台）供应链企业历史交易信息、买方评价信息等。票据流则通过区块链技术保证其真实性及有效性，资金来源为参与互联网金融的多方投资者。

此外，基于物联网和区块链系统，参考上述模式，还可以开展仓单融资、国际贸易融资、战略关系融资等。

## 4.3 互联网供应链金融体系安全问题

### 1. 根据业务需求及使用场景的不同设置公链、私链、联盟链

传统供应链金融企业的发展受制于整个供应链行业对外的透明度。供应链涵盖了从产品生产到分配所涉及的所有环节，包括从原材料到产成品再到流通领域的整个过程，可以覆盖数百个阶段，跨越多个地区，所以很难对事件进行追踪调查。物联网及区块链由于其透明性，数据分发工作所带来的数据隐私问题将成为一个研究重点。在交易过程中，部分企业由于知识产权等原因不希望竞争对手获悉详细的关于交易产品的内容，区块链技术为此提供了权限管控，通过对登录权限控制及各个交易之间的权限控制，所有交易的可视性都变得可控。在设置基于区块链与物联网的互联网供应链金融系统时，物联网可以追踪货物，区块链可以根据业务需求及使用场景的不同设置公链、私链、联盟链等。公链的公信力强，完全透明，开放的节点多。私链适用于内部接入，公信力弱，但私密性强，可以满足企业对商业信息进行保密的要求，并通过内部部署节点，保证数据的不可篡改性。联盟链可以采用允许相关机构接

入的方式，采用共识算法、设置权限隐私，介于公链与私链之间，保证授权节点的公平性及数据的不可篡改性。

### 2. 互联网供应链金融平台需整合供应链信息，做到协同专业化

基于区块链和物联网的互联网供应链金融系统，买卖双方的基础资产和贸易信息、第三方监管企业的监管信息、物流企业的物流信息、流向其他金融机构的资金流信息等，都需要这一系列的相关方的参与方能实现。区块链从底层基础设施重构供应链交易体系，建立了 P2P 的强信任关系，使供应链更加透明，并提供可靠的审计跟踪。考虑区块链本身并不适用于存储大量信息，因此在数据上链时需要仔细设计，确保有价值的、关键的数据存于链上，要求设计人员具有非常丰富的业务处理经验，熟悉整个产品的全交易流程；产品和服务结构化，且具有清晰的定义，交易伙伴能够提供交易身份；交易活动能够清晰界定，交易过程能够被测量和观察。互联网供应链金融的每个参与者都需要承担相应的义务，互联网供应链金融平台需要对信息进行整合分析，提供定制化的供应链金融产品，负责风险控制。

鉴于区块链及物联网技术的成熟度及市场接受度问题，我们建议区块链切入互联网供应链金融系统可以分步进行。

（1）切入已有电子供应链系统平台的行业或大型核心企业的供应链系统。可以搭建基于联盟链区块链系统的互联网供应链金融平台对接资金提供方。核心企业供应链系统相对完善，长期的交易数据特别是电子供应链系统中沉淀的大数据，更加有利于风控管理。由于分类账呈现分散式的结构且交易加密，具有不可改变的性质，分类账几乎是安全的，随着整个行业交易透明度的提高，行业风险将被极大降低。国内已有部分企业开展了区块链的研究，给企业、政府相关部门建了联盟链，

用于数据存证、数字资产、供应链金融、防伪溯源等领域。联盟链建设时信息需要各方共同维护且透明，参与联盟链的企业或机构根据自身业务需求和相关法律法规，将数据写入区块链中，使数据实时同步，形成共享账本。

（2）切入已有较完善供应链系统的行业。家电、汽车、医药、服装等行业市场广阔，供应链基础设施较完善。通过区块链实现端到端的供应链流程数字化，帮助提高贸易伙伴之间的信息透明度，实现高度安全的信息共享。实现行业（产业）内交易物流电子化、标准化，不同主体对于同一事物的标的和交易活动是明确、清晰的，并且可流转和可跟踪。行业内的大型集团可以将企业的 ERP 系统、DRP 系统与政府税务等融合，通过自身的银行平台，借助集团多行业布局的优势开展互联网供应链金融业务。

（3）与电子商务平台合作搭建联盟链。银行、互联网企业等拥有行业内的单证、贸易融资处理系统，将区块链平台与现有的供应链交易系统进行接口对接可以实现集成。由现有交易系统完成数据录入、交易处理后上传相关信息到区块链平台，同时区块链平台通过区块生成、发布记账、智能合约来驱动相关参与方交易系统接收信息、生成交易。将资产数字化，把仓单、合同，以及可代表融资需求的区块链票据都变成数字资产，且具有唯一、不可篡改、不可复制等特点。供应链金融平台将转变成一个金融资产交易所，将非标的企业贷款需求转变成标准化的金融产品，对接投融资需求，进行价值交易。

（4）从事供应链管理服务的企业，切入区块链，以私有链形式从供应链管理服务入手，如溯源、追踪、可视化等，将信息流、物流和资金流整合在一起，将供应链联盟里的数据放到链上，利用区块链特性使其不可篡改，提供数据的确权、溯源，在此基础上提供互联网供应链金融服务。广东省有较多从事供应链管理服务的企业，专注于为各类企业、客户、增值服务商、商店以及它们的消费者提供有竞争力的供应链解决方案、生态产品和服务，构建供应链生态圈。该类企业收集了很多信息，知道货在哪儿，钱在哪儿。该模式相当于给区块链搭建了一个应用场景。通过区块链切入供应链服务，依托资源和大数据优势，可以开展互联网供应链金融业务。

（5）完善区块链系统建设。区块链建设过程中可以设计一种数字票据，在公开透明、多方见证的情况下进行拆分和转移，将整个商业体系中的信用变得可传导、可追溯，为大量原本无法融资的企业提供融资机会。

根据前文构建的基于区块链、物联网技术的 ERP 云平台，随着时间的推移，交易记录量增多，账本会越来越大，需要再次考虑账本存储策略和访问机制。需要加快区块链基础设施建设，加大区块链技术研发力度，扩大区块链领域的经费投入，重视区块链专业人才培养，建立健全相关法律制度，整合区块链与大数据等。

（6）完善法律法规，完善标准化建设，完善征信系统。交易数据能否支撑金融模型，以及金融模型能否确定把违约率降低到一定程度，这不但需要长期沉淀，还需要相对稳定的市场环境和持续防范系统性风险。互联网供应链金融体系的发展会促使相关法律法规、标准化建设、征信系统进一步完善。

# 第 5 章

# 互联网供应链金融风险分析

互联网供应链金融信用风险管理的核心是确认融资方身份以及交易的真实性，动态度量和判别信用风险①。借助大数据利用信息技术收集并有效梳理数据，将传统的被动防御、事后处理式风险管理转为主动识别、事中控制式风险管理。希望能突破传统模式创建高效低成本的风控信贷模式。互联网供应链金融虽然在促进金融创新和提高金融服务方面取得了显著成就，但也伴随着风险与挑战。在供应链金融体系中，供应链任何一个企业发生风险后，都有可能传导至整个供应链。

## 5.1　互联网供应链金融风险监控因素分析

### 5.1.1　供应链风险内涵

供应链风险管理在近些年得到了持续的关注，随着企业参与全球竞

① 王宝森，王迪．互联网供应链金融信用风险度量与盯市管理［J］．中国流通经济，2017（4）：77-84.

争，持续面临因外包、信息技术进步、全球采购等而产生的供应链管理问题，供应链风险也随之增加。供应链风险是指由于供应链内外的意外事件造成供应链运营或战略的失败，对供应链产生负面影响。与供应链相关的任何风险都会影响企业有关未来成本、收入、现金流、股价及其他影响企业价值的运营问题。供应链风险有许多来源，例如，某企业的供应商或供应商的供应商面临瓶颈，该企业可能会受到间接影响；如果下游企业无法持续投入生产，该企业同样面临风险。供应链风险的大多数变化是由企业特定的冲击而不是时间或行业特定的冲击来解释的。供应链风险管理（Supply Chain Risk Management，SCRM）则是指实施战略，以预防、控制供应链上日常和异常负面事件，从而减少脆弱性，并提高业务连续性。

具体来看，供应链风险来源可分为内部风险来源和外部风险来源。

### 1. 内部风险来源

（1）供应链架构设计风险。供应链的设计和结构直接影响企业对风险的敏感度和应对能力。例如，供应链的长度、复杂性、分布等因素会影响风险的传播和控制。缺乏供应链的可见性和透明度会增加风险，使企业难以及时发现问题和采取措施。

（2）供应商管理风险。企业所依赖的供应商可能存在问题，如供货延迟、质量不合格、突然倒闭等；企业对供应商管理不善，或者对其稳定性和可靠性未能进行充分评估，都可能导致供应链的不稳定和风险的增加。

（3）库存管理风险。不恰当的库存管理和需求预测可能导致库存积压或库存不足，进而影响生产和交付能力，增加企业的运营风险。若企业未能准确预测市场需求、及时调整库存水平，或者由于库存管理系统不完善导致数据不准确，都可能增加库存管理风险。

（4）生产和工艺风险。生产过程中的质量控制、生产效率、设备可靠性等因素直接影响供应链的稳定性和可靠性。如果企业未能进行有效的生产计划和质量控制，或者缺乏应对突发事件的应急措施，都可能导致生产和工艺风险的增加。

#### 2. 外部风险来源

（1）经济环境和市场需求风险。经济周期、汇率波动、市场需求波动、价格竞争、竞争对手的策略等因素都会影响供应链的稳定性和企业的成本控制及盈利能力。若企业未能准确预测市场需求、及时调整生产计划，或者由于市场竞争激烈造成销售下滑，都可能增加市场需求风险。

（2）物流和运输风险。运输延误、货物损坏或丢失、交通事故等都可能影响产品的及时交付和客户满意度。若企业未能建立健全的物流网络、选择合适的运输方式，或者因不可控因素导致运输风险加剧，都可能对供应链造成影响。

（3）政治和法律风险。政治动荡、贸易战、法律法规变化等外部因素都可能对企业的供应链管理产生影响。若企业未能及时了解并应对政治和法律环境的变化，或者由于政治和法律问题造成供应链中断或不稳定，都可能增加政治和法律风险。

（4）自然灾害和气候变化。地震、火灾、洪水等自然灾害以及气候变化可能导致生产设施受损或关闭、库存损失或仓库设施受损、物流网络中断；影响产品的生产和原材料的供应，导致订单延迟或无法履行，进而影响客户满意度和企业的声誉，增加了供应链的风险和不确定性。

(5) 技术发展和信息安全。随着信息技术的发展，如物联网、云计算、大数据等技术的发展，供应链网络中信息交互更加复杂，涉及大量数据在网络中传输和存储，增加了数据泄露和信息安全风险。技术的发展也使供应链信息更加透明、可追溯，消费者和监管机构对企业的责任和行为提出更高要求。网络攻击、恶意软件、数据泄露、数据篡改等问题可能导致企业敏感信息泄露，如供应商信息、客户信息、产品设计等，会影响企业的信息安全和运营稳定性，进而影响企业的竞争力及创新能力；涉及的法律诉讼等风险，会影响企业的品牌形象和社会地位。

### 5.1.2 互联网供应链金融风险控制挑战

小微企业融资难、融资成本高，本质上是风险识别成本高，无法在短时间内评估和判断其信用状况，线下风险评估调查意味着高成本活动；与此同时，流通领域的中小微企业的发展也缺乏综合性金融服务。互联网供应链金融作为“金融脱媒”趋势下的服务于供应链的金融平台，汇集了供应链闲散资金，将其提供给有需要的中小微企业。其主要扮演风险中介和信息中介的角色。

作为风险中介，互联网供应链金融平台将信用风险、市场风险、汇率风险、利率风险等汇集起来，并为供应链经济中的各利益方进行风险重构，设计不同的互联网供应链金融产品，保证收益的稳定和资本结构合理。

作为信息中介，互联网供应链金融平台拥有收集借贷人信息的特权，因此比投资人具有优势，可以从投资者角度设定信息披露机制，尽可能地解决风险和逆向选择问题。但仍会存在以下问题。

(1) 客户风险高。互联网供应链金融主要服务中小微企业，这些客户的共同特征是规模小，知名度低，资金薄弱，筹资能力差，原始积累少，受宏观经济影响较大，企业经营和收入波动较大，抵御经营风险的能力较差。在全球经济增速放缓的背景下，企业面临国际市场需求不足、市场萎缩、订单减少、跨境供应链断链等多重问题，市场波动、宏观经济影响等因素可能对企业业务产生不利影响，中小企业破产风险明显加大。互联网供应链金融贷款企业还可能涉及大量数据处理和跨境交易，面临不同国家和地区监管政策的合规压力。

（2）客户财务、信用信息不全。中小微企业往往财务制度相对不健全，又多缺乏先进的财务管理技术及方法，成本费用核算不到位，其公开的财务数据可能不能体现企业真实的运营状况。供应链中存在一些错误、不真实的数据，在信息传递过程中，信息可能进一步缺失。信息的真实性需要传统技术及人工进行保障。

提供资金的投资者与寻求资金的企业家（借贷人）之间存在不对称的关系，如初始财富及对项目的管理权不对称、信息不对称。寻求融资的企业家显然更加了解自己企业或项目的价值、发展前景，其提供的信息可能不是现状的真实反映，而投资者往往只是通过借贷人提供的信息做判断。

信息不对称往往会导致逆向选择和道德风险。即由于缺乏信息，投资者选择企业时相当困难，可能无法选到最好的项目。此外，互联网供应链金融中个人投资者若无法对投资的项目或企业进行监督与控制，借贷人则可能不会很好地经营企业或恶意欺诈投资者。

（3）反欺诈风险。互联网供应链金融中存在动产质押风险。信息不通畅容易导致监管不力、货权不清或重复质押。动产质押往往存在联保互保的模式，如果监管不力，会出现抵押品在多个平台抵押的情况，使抵押物出现真空状态，一旦企业经营不善，容易出现动产质押风险。

恶意欺诈基本以团伙作案为主，并且技术手段越来越先进。过高的互联网恶意欺诈成本、过高的信贷审批成本以及过高的获客成本导致高不良贷款率。互联网供应链金融涉及多方面的市场参与者，企业恶意行为和虚假交易对身份验证和欺诈监测等方面形成挑战。

（4）客户违约风险。互联网供应链金融往往涉及大量中小企业，这些企业的信用情况可能不稳定。借款人行业经验和能力不足往往会导致其经营项目失败，从而影响正常还款；或者借款人经营项目投资较小或固定资产较少，很容易转移或转让，恶意拖欠贷款；虚报经营项目，经营利润少、收入不足，无法还款等，导致违约。缺乏足够的信用评估可能导致不良贷款。

（5）技术风险和操作风险。互联网供应链金融依赖先进的技术基础设施，包括物联网、互联网、区块链、人工智能技术、云计算技术等，技术故障、网络攻击或数据泄露等问题都可能对系统安全产生负面影响。在大数据支持下的互联网供应链金融平台上，人为失误、系统故障、不当管理操作风险，都可能使交易中断、信息泄露或产生其他潜在问题。

（6）模型风险。互联网供应链金融的风险模型和算法可能基于历史数据，对于未来的不确定性和新兴性风险，模型如无法敏感地捕捉到这些风险，会弱化其风险控制能力。模型如果过度依赖历史数据的细节，在训练时过度适应噪声而不是真实信号，可能导致在新数据分析上性能较差。样本选择、样本偏差也会影响模型的准确性。

### 5.1.3　互联网供应链金融风险因素

提供供应链融资解决方案，需找到供应链最薄弱的供应环节，常常通过评估其历史支付数据来确定单个供应商反映出的整体风险组合，对于拥有庞大供应商基础的企业，为不同的供应商选择合适的供应链融资解决方案具有高度的复杂性。

技术的发展及大数据的应用，降低了金融机构与中小企业之间的信息不对称，促进物流企业精准管理存货，并可以用于资信评估和风险分析（王雷，2017）。王宝森等（2017）结合互联网金融的特点，选取企业基本状况、互联网交易状况、互联网服务质量和供应链行业状况作为风险指标，采用主成分分析法筛选数据并进行实证验证，以逻辑回归风险判别进行信用风险判断。何昇轩等（2016）详细分析了基于第三方 B2B 平台的线上供应链金融风险识别及风险指标。宋华（2017）强调互联网供应链金融中需要时间和空间数据、主体与客体数据、要素和情感数据以及单点和网络数据。时间和空间数据用以反映质押商品空间位置与分布、供应链参与者的网络位置与动态等；通过主体数据反映成员之间的相互关系及能力，包括资源、能力、资质、信用、偏好等，以及主体经营的目的物等；客体数据间接反映行为主体的能力、行业的状态或风险大小。

在大数据环境下，需从能够获取的数据中尽可能挖掘信用信息。因此数据来源非常重要，数据来源的多元化体现在：①可通过购买或者交换来自第三方的数据，包括银行、信用数据，以及法律记录等非传统数据；②网络数据，如浏览器数据、用户位置信息、性格和行为特征、社交网络数据等，有利于评估信贷风险；③直接询问用户，用户为了证明自己的还款能力，会有详细的交易记录、公共记录凭证等。

本书参考上述学者提出的指标，并根据前面章节对大数据支持下的互联网供应链架构的建立与分析，结合大数据技术探讨线上交易没有质押物的问题，利用社会网络理论识别互联网供应链金融网络结构以及企业级社交网络。

在 ISCFBD 模型中，我们主要可以获取的数据包括以下几个方面。

（1）借贷企业征信数据。根据 ERP 云平台收集的实时数据，分析借贷企业的综合征信指标，包括财务结构、偿债能力、现金流量、经营能力、经济效益等，通过平台做到 1～3 个月跟踪监测一次，从而分析企业的活跃程度。

（2）交易信用数据。大数据风险评价技术采用企业留存在 ERP 云平台及电子商务平台系统中的交易明细数据，包括纵向空间多维度（行业—业务—财务—流水等）数据、横向空间多维度（供应链上下游）数据，以及时间维度（历史—现在—未来）数据，重构以交易数据、业务数据为核心的评判体系，进行交叉验证，识别数据的真伪、贸易的真实性，进行信用评价。

（3）企业主个人信用数据。个人征信是互联网金融业务开展和风险管理的基础，借款企业业主个人征信可以通过一定权重加总在征信评价体系中，包括传统的个人征信与市场化个人征信。传统征信业务主要体现在央行的个人征信报告上，来自银行、社保、公积金等公共信息。互联网时代，征信数据源在不断地延伸，网购、支付、理财、互联网行为、社交数据等都逐渐被纳入个人信用信息的采集中。多家电商企业的个人信用数据具有很好的连贯性，可以通过大数据交叉分析借款人的特性、习惯、财务状况，进行风险筛选。

### 5.1.4 基于大数据技术的信息预处理

区别于传统金融风控技术，以上数据来自 ERP 云平台及电子商务平台实时采集的交易数据，数据的采集、整理、分析、评价全部采用计算机完成，减少了人为的干预。结合大数据技术，可以提供供应链中产生的实时交易数据，实现实时跟踪、实时风险计算、实时预警与预测。

（1）互联网金融平台的大数据应用来源。互联网金融平台的大数据应用来源主要分为内部信息数据与外部信息数据。内部信息数据包括 ERP 云平台的交易数据、借贷方提供的数据（如借贷人出生日期、婚姻状况、地址、联系方式等）、交易渠道等。外部信息数据见表 5-1。

**表 5-1　互联网金融平台的外部信息数据**

| 外部信息数据 | 应用方式 |
| --- | --- |
| 企业性质 | 了解借贷人的社会身份，在供应链中的地位 |
| 中国人民银行征信记录 | 银行的存贷款记录、信用记录，了解借贷人的财务状况 |
| 互联网征信记录 | P2P 征信记录等 |
| 互联网消费行为 | 网购、支付、理财等，了解借贷人个人消费能力与偏好 |
| 纳税/社保/公积金 | 借贷人经济能力与社会保障 |
| 出入境记录 | 借贷人出入境目的与消费倾向 |
| 国内出行记录 | 借贷人出行目的与交易关系、消费倾向 |
| 社交网络信息 | 通过互联网了解借贷人的社交关系、社交数据 |
| 公检法部门记录 | 借贷人个人行政处罚记录、刑事犯罪记录、交通严重违规记录等 |

互联网企业与银行多有数据间的交换，互联网供应链金融平台同样需要与网络中的电子商务企业、第三方征信机构、银行、海关等参与方合作，借助大数据技术，将外部数据与内部数据结合，分析互联网供应链金融交易联动特性，交易数据将商流与资金流结合，形成完整的数据沉淀和供应链上下游关系，以及真实的供应链交易。

（2）互联网供应链金融借贷人数据可视化与数据质押。互联网供应链金融开展的前提是线上和线下服务的融合，Devaraj 等（2007）指出仅仅是电子商务本身并不能实现供应链绩效，只有上下游的信息整合起来才能实现供应链绩效。线下真实的供应链实体产业与相应的作业活动保证交易的真实性，并支撑线上活动，如交易、结算、支付等，将相关的活动信息及时共享到线上数据库，使供应链合作伙伴能及时共享信息。

互联网供应链金融中的借贷人可以是供应链中从事商品采购、生产和分销的企业，为使线上线下融合需要考虑如何将贸易所需的文件、许可证和地方政府的合规需求融入供应链计划和执行方案，通过贸易管理系统，将一般贸易、加工贸易、货运和清关、管理关税、物流等进行整合。智能分析进出口通关文件中的大数据，实时评估和预防合规风险，特别是帮助企业有效应对自我披露、海关企业信用等级认证等。借贷人线上线下活动数据可分为三个部分：贸易、物流、个人征信，如图 5-1 所示。

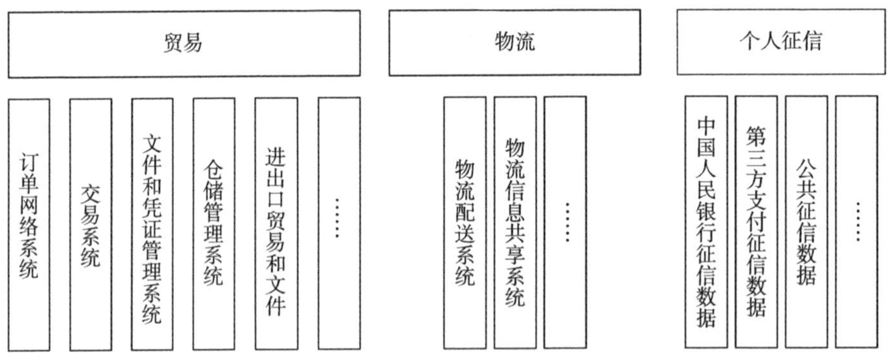


**图 5-1　借贷人线上线下活动数据**

互联网供应链金融提供的应收账款融资、应付账款融资、订单融资等需要借贷企业利用网上贸易管理系统，涉及仓储管理、采购、销售、财务、决策支持等方面，与 ERP 云平台共享订单数据、应收/应付账款数据、存货销售收据；利用物流管理系统调用物流企业的物流信息共享交易货物及物流配送信息；结合公共征信数据、中国人民银行征信数据、第三方支付征信数据共享借贷企业法定代表人个人征信数据。

（3）互联网供应链金融 ERP 云平台大数据需求分析。互联网供应链金融的 ERP 云服务提供者（可以是互联网金融资金提供商或电子商务平台、供应链核心企业等）为风险承担者或资金提供者提供必要的数据信息，是互联网供应链金融获取数据的主要直接渠道，如票据、应收/应付账款、信用证数据、采购订单、物流数据等电子账单和信息等。促进采购订单、票据等文件中供应链买卖双方以及金融机构之间的货物与信息进行整合，使互联网供应链金融网络中的参与方了解供应链交易过程及信用状况。

ERP 云服务提供者还充当交易风险管理者的角色，需要将物流数据与金融活动结合。在互联网供应链金融运作过程中，物流服务提供者将物流信息提交给云服务平台，云服务提供者需证实信息的可靠性，并将物流信息与交易信息结合传递给互联网供应链金融平台（风险承担者）进行决策。在信息传递过程中，信息技术起到关键作用，不同系统、平台间的接口需保证数据的顺利传递，如图 5-2 所示。

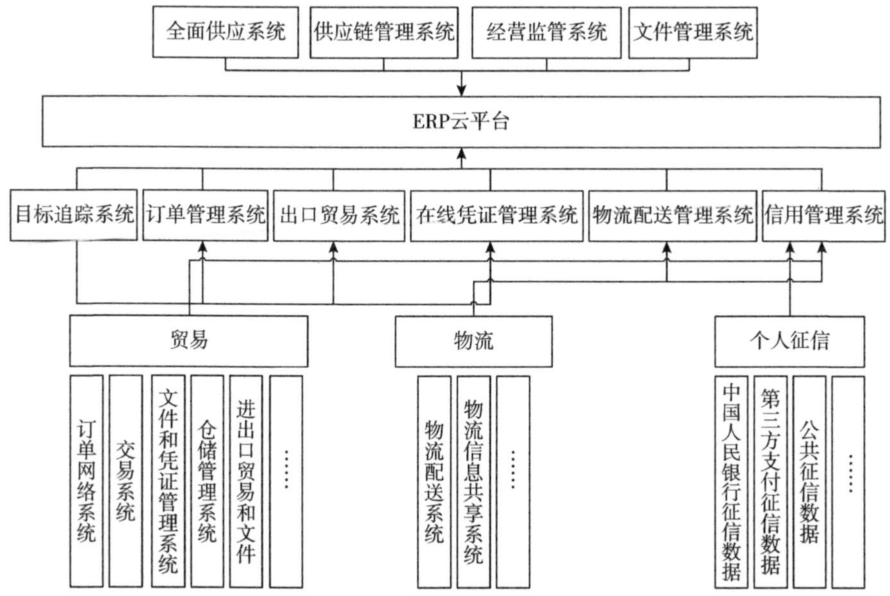


**图 5-2　互联网供应链金融系统常见的信息流转途径**

同时，作为交易风险管理者，需要根据交易的特点、产品的性质状况，不断监控交易的过程和产品的状况，使得保险既能有效转移风险，又可将风险控制在可接受的范围。

（4）互联网供应链金融风险承担者。互联网供应链金融风险承担者是直接提供供应链金融资源的主体，也是最终承担风险的组织，包括互联网金融平台、商业银行、供应链核心企业、保险公司等。风险承担者直接促进资金放贷及信用增强。

由于缺乏线下质押物与监管实体，线下风险控制能力较弱，互联网金融的风险管理对信息技术的依赖程度非常高，这使得信息技术在互联网金融风险管理的过程中加入了技术风险。

互联网供应链金融风险承担者需制定业务标准，按照业务标准监控交易的细节与过程，把握可能存在的风险。基于大数据技术制定风险管理体系与手段，具体安排融资产品条款，包括互联网供应链金融产品的定价、利息收入的设计等，使得互联网供应链金融网络中的参与者获得相应的利益回报。

（5）互联网供应链金融资金投资者。在互联网供应链金融中，资金来源除了银行、金融平台、电商企业、供应链核心企业，还有很多个人投资者。资金投资者一般根据金融平台提供的互联网供应链金融平台产品的定价与收益，结合自己的风险承受能力选择适合的产品或项目投资。

## 5.2 互联网供应链金融企业信用评判方法

供应链金融是企业以自偿性贸易为业务出发点和风险控制环节，体现企业近期的贸易价值。在供应链金融融资中，面向供应链中小企业成员的授信，是与供应链财务特征结合得最密切的业务。供应链中的中小企业结合供应链特点的授信，能有效降低其融资困难程度及融资成本，对供应链整体财务成本的降低起着关键作用。

供应链融资风险管理应综合考虑供应链融资中面临的信用风险、法律风险、市场风险和操作风险等不同类型的风险，确保供应链融资中所有的风险状况及反馈结果都有相应部门负责和管理；对所有风险管理的政策及规定都应提出准确和标准的文件；所有的风险都应通过定性或定量的方法进行测算。

常见的供应链金融风控方法包括贷前资信调查评估、贷中风险管控（王雷，2017）。通过业务调查、公司治理调查、公司合法合规调查等进行贷前资信调查评估；贷中风险管控则通过让不对称信息最大限度对称，实时掌握借款方在贸易中的自偿性能力。王雷（2017）总结了商流管控模型和资金管控模型中评估项目需要输入的信息、评估指标及处理规则。金融机构需要根据发展战略决定供应链融资业务的定位，制定与之对应的风险管理策略，详细评估供应链融资的收益和规模的风险、投入弹性等，提出风险投入预算，以此为依据制定供应链融资的风险管理具体政策，包括与之对接的审批大纲。此外，金融机构需要建立供应链融资的风险管理运作流程，包括授信决策程序，授信后流程，上下级风险管理部门的监控、监督、检查制度等；建立完整的风险报告制度，明确报告的周期、报告的内容和报告的评估方式。

实体企业和金融企业都必须考虑风险，金融风险承受能力在金融市场选择金融资产和分配资金方面发挥着重要作用。商业银行在贷款时考虑两个因素——利率和贷款风险，然而银行所收取的利率自身由于两个原因而影响信贷风险：逆向选择和道德风险。银行信贷市场的合同同其他债务市场的合同有显著不同，商业银行信贷侧重关系型贷款。对中小企业的信用分析多从财务指标与非财务指标相结合来判断，Lehmann（2003）指出定量变量并不足以预测中小企业违约，定性变量（如员工的数量、企业的法律形式、主要的业务地区、产业类型等）可以有效提高模型的预测能力。Altman 等（2007）提出了短期负债/普通股账面价值（杠杆作用）、现金/总资产（流动性）、税前折旧及摊销前利润/总资产（盈利能力）、留存收益/总资产（规模）、税息折旧及摊销前利润/利息费用（组织灵敏度）五个预测准确率最高的指标。Behr 等（2007）研究表明，股东权益增长率和销售利润增长率的提高能提升企业的信用水平，有股权融资的企业风险高于相同规模的无股权融资的企业。Sohn 等（2007）指出管理者的经营能力和企业的技术水平对财务绩效影响最大，管理者的知识经验、技术的营销都对财务绩效有积极影响。德国信用评级机构 Creditreform 在评估时考虑 11 个财务因素：供应商目标、外部资本机构、现金比率、营运资本、权益比率、现金流/实际债务、成本收入比、应付账款比、负债比例、收益比及流动比率。Sohn 等（2007）通过实证显示，上市且技术经验评分高、净收益/股东权益和总资产周转率高的企业违约率低，而净收益/总资产和总资产增长率高的企业违约率高。

此外，互联网金融中也存在操作风险，根据新巴塞尔协议，操作风险是指由不完善或有问题的内部程序、人员及系统或外部事件造成损失的风险。所有金融中介机构和金融市场的内部程序在任何环节出现的问题、相关人员有意无意的疏漏，都属于操作风险的范畴。同时，由于产业缺乏通用标准约束，数据在采集及流转过程中污染程度不一，数据加密不规范造成的数据泄露时有发生，数据孤岛亦成为企业业务发展的掣肘。

参考王雷（2017）的研究，结合互联网供应链金融自身的特点，本章分别设计相应的贷前风险评估模型及贷中风险控制模型。

### 5.2.1　贷前风险评估模型

贷前调查是所有银行、小额贷款公司、互联网金融机构、供应链金融机构等贷前部门工作的重中之重。借款人能否顺利还款取决于两大因素：还款能力、还款意愿。

由于互联网供应链金融的融资对象主要是中小企业，中小企业公开的财务数据往往不能体现企业真实的运营状况。现金流量周期是对企业供应链运营绩效测评的一种常用的工具与手段，其基本思想是单位货币从原材料投入到市场价值实现的周期时间。其与供应链运营的广度与深度相关，也就是供应链运营涉及利益相关方的程度或者协同价值创造者的数量（广度），以及相应的管理流程活动的延伸程度（深度），这种广度和深度决定了供应链金融施展的空间（宋华，2017）。

本书研究互联网供应链金融信用风险时，指标选择利用互联网平台的优势获得的诸如资产价格、资金流水、交易实时数据等，结合基于评价的主体模型分析企业的基本状况，滤掉无效信息与虚假信息，全方位评价、量化风险。选择的信用风险指标包括借贷人企业基本状况、ERP云平台交易情况、供应链行业状况、借贷人个人线下线上征信、借贷人个人网络消费行为、借贷人个人社交网络等。ERP 云平台汇集了供应链中的海量数据，供应链金融平台可根据具体的调查事项结合平台上的数据，采用适当的调查方法展开调查与贷前评估。

贷前调查主要是指对借贷企业进行业务调查、公司治理调查、财务调查、合法合规调查。

业务调查主要包括分析企业所处细分行业的情况和风险，调查企业商业模式、经营目标和计划。通过收集与借贷企业所处行业有关的行业研究或报道，比较市场公开数据，客观分析企业所处细分行业的基本情况及特有风险；通过实地考察或通过网络交易平台历史数据考察企业产品或服务，调查企业经营产品种类、功能，调查企业开展业务所依赖的关键资源、经营过程涉及的业务环节，了解企业关键业务流程、利润源；结合企业所处的行业发展趋势及企业所处的发展阶段，了解借贷企业整体发展战略及各业务模块的中长期发展目标。

调查借贷企业公司治理情况主要调查企业股东的情况，核实企业股东股权的合法性和真实性；调查企业与控股股东、实际控制人及其控制的其他企业在业务、资产、人员、财务和机构方面的分开情况，判断其独立性；调查借贷企业对外担保、重大投资、委托理财、关联方交易等重要事项；调查借贷企业实际控制人的诚信情况等。

调查借贷企业财务状况主要通过考察控制环境、风险识别与评估、信息沟通与反馈、监督与评价等基本要素，评价企业内部控制制度是否充分、合理、有效。贷前风险评估模型见表 5-2。

**表 5-2　贷前风险评估模型**

| 功能模型 | 一级指标 | 二级指标 | 具体内容 |
|---|---|---|---|
| 行业风险模型 | 供应链行业风险 | 行业所处的发展阶段 | 行业利润水平、交易环境、技术条件、产品生命周期、上游供应商知名度、交易频率、供应链内交易相关个人账户流水、上游供应商是否承诺回购、供应链行业内企业信息共享度、供应链内企业间利益关联度 |
| | 宏观经济、法律政策 | 经济情况、法律政策环境 | 宏观经济及法律政策变化对企业的影响 |

续表

| 功能模型 | 一级指标 | 二级指标 | 具体内容 |
| --- | --- | --- | --- |
| 信用风险模型 | 企业资质 | 商业模式风险 | 商业模式清晰度、盈利条件 |
| | | 市场占有风险 | 市场竞争对手、行业竞争强度 |
| | | 执行风险 | 员工素质、产权结构、公司治理结构内部监管 |
| | | 资本化结构风险 | 资本化结构是否允许企业有足够空间拓展 |
| | | 法律风险 | 企业是否容易遭到专利与版权侵权的法律起诉，经营监管中的法律问题等 |
| | | 经营管理能力 | 公共管理机构数据，如海关通关状态、舱单信息、进出口付汇/退税/结汇等证明、报文状态、知识产权备案等信息；货物贸易、服务贸易、直接投资的交易状况、交易频率、涉税数据等业务数据，辅助反映企业的经营管理能力 |
| | 融资企业偿债能力 | 年销售收入 | 企业年销售额 |
| | | 销售利润率 | 销售利润/销售收入 |
| | | 净资产收益率 | 税后利润/所有者权益 |
| | | 流动比率 | 流动资产/流动负债 |
| | | 速动比率 | 速动资产/流动负债 |
| | | 现金比率 | （货币资金+交易性金融资产）/流动负债 |
| | | 资产负债率 | 负债总额/资产总额 |
| | | 产权比率 | 负债总额/所有者权益 |
| | | 权益乘数 | 总资产/股东权益 |
| | | 利息保障倍数 | 息税前利润/全部利息费用 |
| | ERP 云平台交易情况（电子商务平台交易情况） | 采购率 | 二次以上采购用户占比 |
| | | 近 90 天退款率 | 近 90 天退款用户占比 |
| | | 近 90 天投诉率 | 近 90 天投诉用户占比 |
| | | 响应速度/发货速度 | 从订单下达到发货的时间长短与行业平均水平的对比 |

续表

| 功能模型 | 一级指标 | 二级指标 | 具体内容 |
|---|---|---|---|
| 信用风险模型 | ERP 云平台交易情况（电子商务平台交易情况） | 累计成交笔数相对行业比率 | 交易平台累计年成交笔数/行业累计成交笔数 |
| | | 累计买家数相对行业比率 | 交易平台累计年买家数/行业累计买家数 |
| | | 货物相符 | 货物和描述程度与行业平均水平的对比 |
| | | 资金支付状况 | 第三方支付平台资金支付状况，反映融资企业的实力和经营状态 |
| | 供应链整体绩效 | 现金流量周期 | 整合供应链绩效模型（Farris，2011）<br>$库存_{C2C}=\frac{库存价值}{产品销售成本}\times 365$<br>$应收_{C2C}=\frac{应收账款}{净销售额}\times 365$<br>$应付_{C2C}=\frac{应付账款}{产品销售成本}\times 365$<br>$C2C=库存_{C2C}+应收_{C2C}-应付_{C2C}$ |
| | | 合作方以往履约情况/信用级别 | 合作方以往是否有违约以及银行的信用评级 |
| | | 合作方偿债及盈利能力 | 参照融资企业盈利能力评价方案 |
| | | 资金支付状况 | 第三方支付平台资金支付状况，反映供应链参与企业的实力和经营状态 |
| | 借贷人个人信用 | 中国人民银行征信数据 | 银行的存贷款记录、信用记录，了解借贷人财务状况、家庭资产价值、持有资产分布等 |
| | | 互联网征信记录 | P2P 征信记录等 |
| | | 互联网消费行为 | 网购、支付、理财等，了解借贷人个人消费能力与偏好 |
| | | 纳税/社保/公积金 | 借贷人经济能力与社会保障 |
| | | 出入境记录 | 借贷人出入境目的与消费倾向 |
| | | 国内出行记录 | 借贷人出行目的与交易关系、消费倾向 |

续表

| 功能模型 | 一级指标 | 二级指标 | 具体内容 |
|---|---|---|---|
| 信用风险模型 | 借贷人个人信用 | 社交网络信息 | 通过互联网了解借贷人的社交关系、社交数据 |
| | 借贷人个人资产 | 财产状况 | 住房状况、车辆动产拥有情况、其他资产等 |
| | 还款风险 | 资金用途 | 具体的资金用途 |
| | | 还款来源 | 具体的还款来源 |
| 操作风险模型 | 人员风险 | 人员欺诈风险 | 虚假交易识别 |
| | | 人员操作风险 | 交易数据录入出错识别 |
| | 技术风险 | 硬件风险 | 系统失灵、中断 |
| | | 软件风险 | 网络安全风险 |
| | 融资审批风险 | 电子商务平台审核 | 历史交易数据及基于评价的销售预测，信用评定 |
| | | 互联网供应链金融融资审批 | 参考越级与超额度审批 |
| | | | 参考质押物的审批 |
| | 支付风险 | 款项流动系统风险 | 用户无法履约风险 |
| | 隐私及安全风险 | 个人数据泄露风险 | 个人隐私、数据安全和知识产权泄露的风险 |
| 质押物风险模型 | 物流仓储保管 | 商品易损易腐程度 | 商品易损易腐程度评分 |
| | | 商品标准化水平 | 商品标准化水平评分 |
| | | 物流企业水平 | 物流企业水平评分 |
| | | 仓储保管条件 | 仓储保管条件评分 |

资金流管控模型评估见表 5-3、表 5-4。

**表 5-3　票据转让合法性及有效性评估（以应收账款为例）**

| 评估项目 | 输入信息 | 评估指标 | 处理规则 |
|---|---|---|---|
| 销售真实性评估 | 调用销售订单真实性评估模型及线上销售订单真实性评估模型 | 销售订单真实性 | 分值 = 销售订单真实性评分 |

续表

| 评估项目 | 输入信息 | 评估指标 | 处理规则 |
| --- | --- | --- | --- |
| 票据转让限制 | 借贷方提供与渠道销售协议（原件或扫描件） | 票据（应收账款等）转让或质押可行性 | — |
| 票据完整性 | (1) 借贷方提供票据原件;<br>(2) 买方确认的结算单或系统结算单;<br>(3) 票据对应的相关发票清单等 | 票据凭证有效性 | 根据原件或扫描件，通过历史单据印鉴等人工判断其真实性和有效性 |
| 中国人民银行“动产融资统一登记公示系统” | 中国人民银行“动产融资统一登记公示系统”查询结果 | 票据（应收账款）无异常确认、登记有效性确认 | (1) 核查票据是否存在被质押或转让登记状态;<br>(2) 核查转让实施是否已经进行在线公示登记 |
| 转让手续完备性 | (1) 上传票据（应收账款）质押或转让协议;<br>(2) 上传票据（应收账款）债权转让清单 | 转让协议及转让清单有效性、真实性、合理性 | — |
| 转让协议登记公示且公证送达 | — | 转让协议登记公示有效性 | — |

**表 5-4　账户合法性及有效性评估**

| 评估项目 | 输入信息 | 评估指标 | 处理规则 |
| --- | --- | --- | --- |
| 账户信息验证 | (1) 借贷方提供的汇款账户信息;<br>(2) 供应商管理系统中的收款账户信息 | 信息匹配度 | 系统判断双方提供信息的匹配度 |
| 账户变更受控性 | 各方签字确认的账户变更协议 | 协议真实性 | 人工判断协议的真实性和有效性 |

续表

| 评估项目 | 输入信息 | 评估指标 | 处理规则 |
|---|---|---|---|
| 账户管控有效性 | (1) 各方签字确认的账户托管协议;<br>(2) 借贷方、接收方等的身份信息 | 协议真实性、身份信息真实性 | 人工判断协议的真实性和有效性、身份信息的真实性 |

## 5.2.2　贷中风险控制模型

互联网供应链金融本质上并不是一个标准化的产品，尤其是风险评价体系关注差异化，很难用标准化的模型来量化。对于中小微企业，其风险管理的关键在于回到真实贸易中，因此本章结合前文提出的 ISCF-BD 模型及常见的其他互联网供应链金融模型提出贷中风险控制模型及风险管理机制。

通过 ERP 云平台、电子商务平台等数据库的对接，进行采购订单真实性评估，并通过流水交付和额度进行控制。

（1）采购订单真实性与合理性评估见表 5-5。

**表 5-5　采购订单真实性与合理性评估**

| 评估项目 | 输入信息 | 评估指标 | 处理规则 |
|---|---|---|---|
| 采购合同真实性评估 | (1) 借贷人提供上游历史采购订单合同（电子商务平台交易数据优先）与上游供应商返回的确认订单回执;<br>(2) 借贷人提供当前采购订单对应的采购合同及上游供应商联系方式 | 合同真实性 | (1) 人工判定供应商的真实性;<br>(2) 人工判定历史合同的合法性与客观性;<br>(3) 对比当前合同与历史合同是否具有一致性 |

续表

| 评估项目 | 输入信息 | 评估指标 | 处理规则 |
| --- | --- | --- | --- |
| 交易历史评估 | (1) 提供交易流水数据及银行付款凭证(通过电子商务平台成交的，可提供电子交易数据及付款凭证)；<br>(2) 辅助提供交易发票信息 | (1) 历史交易及发票的真实性；<br>(2) 交易信息是否与发票匹配 | (1) 电子商务平台成交数据，直接由后台系统数据库导出并进行判断；<br>(2) 线下交易根据银行付款凭证及发票日期验证匹配度 |
| 上游供应商资格评估 | (1) 企业征信评分；<br>(2) 合作交易历史与合作年限 | (1) 银行对企业征信评分；<br>(2) 双方交易流水验证及合作年限评分 | (1) 参考中国人民银行对企业征信的评分；<br>(2) 对比电子商务平台数据库成交记录，通过流水数据对比企业提交的合作年限和交易记录 |
| 采购时间合理性评估 | (1) 采购订单明细(时间、产品、单价、数量)；<br>(2) 行业周期销售数据 | 采购周期合理性 | 参考行业销售周期进行判断 |
| 采购价格合理性评估 | (1) 采购订单明细；<br>(2) 采购历史明细；<br>(3) 采购产品市场平均价格（线下渠道供应商提供的价格与线上渠道同类产品的平均销售价格)；<br>(4) 供应商价格确认文件 | (1) 采购价格与历史平均价格匹配度；<br>(2) 采购价格与市场价格匹配度 | (1) 遍历商品数据库产品价格信息，提取历史平均采购价格；<br>(2) 通过行业网站或电子商务平台，搜索同类产品市场平均价格；<br>(3) 单价采购匹配度 $=\left(1-\left\|\frac{\text{采购价格}}{\text{历史平均采购价格}}-1\right\|\right)\times 100\%$；<br>(4) 单价市场匹配度 $=\left(1-\left\|\frac{\text{采购价格}}{\text{历史平均市场价格}}-1\right\|\right)\times 100\%$；<br>(5) 单价供应商匹配度 $=\left(1-\left\|\frac{\text{采购价格}}{\text{供应商确认单价}}-1\right\|\right)\times 100\%$ |

续表

| 评估项目 | 输入信息 | 评估指标 | 处理规则 |
| --- | --- | --- | --- |
| 采购数量合理性评估 | (1) 采购订单明细及历史交易记录；<br>(2) 行业电子商务平台或线上/线下近一年的销售电子数据、销售总量、库存量 | (1) 采购量同比匹配度；<br>(2) 流水结算匹配度；<br>(3) 预估销售周期；<br>(4) 销售周期行业匹配度 | (1) 通过系统数据库中的销售数据核对同比采购量以及借贷人提交的采购数量；<br>(2) 采购量同比匹配度 $=\left(1-\left\|\frac{\text{采购产品数量}}{\text{历史同期产品平均采购量}}-1\right\|\right)\times 100\%$；<br>(3) 月平均销售量＝销售总量/统计周期；<br>(4) 预估销售周期＝（采购总量＋库存量）/月平均销量；<br>(5) 销售周期行业匹配度 $=\left(1-\left\|\frac{\text{预估销售周期}}{\text{同行业销售周期}}-1\right\|\right)\times 100\%$ |

（2）库存周转合理性评估见表 5-6。

**表 5-6　库存周转合理性评估**

| 评估项目 | 输入信息 | 评估指标 | 处理规则 |
| --- | --- | --- | --- |
| 库存周转情况 | (1) ERP 系统库存进销存数据；<br>(2) 供应链系统进销存数据；<br>(3) 同行业库存周转天数（大数据统计数据） | 库存周转率 | (1) 核对供应链系统与企业 ERP 系统真伪性；<br>(2) 计算平均库存；<br>(3) 年度库存周转率＝销售成本/平均库存；<br>(4) 库存周转行业匹配度 $=\left(1-\left\|\frac{\text{库存周转率}}{\text{同行业平均库存周转率}}-1\right\|\right)\times 100\%$ |

续表

| 评估项目 | 输入信息 | 评估指标 | 处理规则 |
|---|---|---|---|
| 异常库存占比情况 | (1) 现有库存明细数据;<br>(2) 近一年的历史销售数据;<br>(3) 设定异常库存的判定标准;<br>(4) 统计异常库存数量 | 异常库存占比(包括滞销品、临保品、过期品、残次品) | $异常库存占比 = \frac{异常库存总金额}{库存总金额} \times 100\%$ |

(3) 销售订单真实性与合理性评估见表 5-7。

**表 5-7 销售订单真实性与合理性评估**

| 评估项目 | 输入信息 | 评估指标 | 处理规则 |
|---|---|---|---|
| 合同真实性评估 | 借贷人提供渠道合作协议 | 合同真实性 | 结合渠道供应商系统人工判断合同是否真实 |
| 交易历史评估 | 提供一年以上交易流水，线上交易直接从后台数据库同步交易记录 | 历史交易真实性 | (1) 线下交易通过银行流水、线上交易通过第三方支付交易流水数据核对交易真实性;<br>(2) 抽样对比交易双方提交的交易数据以及系统中双方交易记录，核对合作真伪 |
| 渠道评估 | (1) 调用企业征信系统模块;<br>(2) 客户提供合作年限;<br>(3) 制定合作年限评分表;<br>(4) 渠道结算方式及合同约定结算方式 | (1) 贷前企业征信评分;<br>(2) 合作年限交易匹配度;<br>(3) 合作年限评分;<br>(4) 渠道结算汇款方式 | (1) 征信分值=贷前系统企业征信评分(①中国人民银行企业征信评分，②电子交易平台企业征信评分);<br>(2) 合作年限匹配度<br>$= \left(1 - \left\lvert \frac{系统提取年限}{客户提交年限} - 1 \right\rvert\right) \times 100\%$;<br>(3) 合作年限评分;<br>(4) 人工判断实际合同约定结算方式是否与渠道结算方式一致 |

续表

| 评估项目 | 输入信息 | 评估指标 | 处理规则 |
| --- | --- | --- | --- |
| 销售真实性与合理性评估 | （1）调用销售订单真实性评估模型及线上销售订单真实性评估模型；<br>（2）历史销售量，对比同期历史销售数据 | 销售订单真实性 | （1）分值=销售订单真实性评分；<br>（2）销售量同比合理性 $=\left(1-\left\|\frac{\text{近一月销售量}}{\text{同比上年同期销售量}}-1\right\|\right)\times 100\%$；<br>（3）销售量环比合理性 $=\left(1-\left\|\frac{\text{近一月销售量}}{\text{上一月销售量}}-1\right\|\right)\times 100\%$ |
| 销售订单时间、单价、数量合理性评估 | （1）销售订单明细（时间、产品、单价、数量）；<br>（2）调用行业销售周期数据；<br>（3）大数据分析线上渠道同类产品的平均价格 | （1）销售价格与历史平均价格匹配度；<br>（2）销售价格与市场平均价格匹配度；<br>（3）销售订单量合理性 | （1）销售订单匹配性 $=\left(1-\left\|\frac{\text{销售价格}}{\text{历史平均销售价格}}-1\right\|\right)\times 100\%$；<br>（2）销售订单价格真实性 $=\left(1-\left\|\frac{\text{产品价格}}{\text{市场平均价格}}-1\right\|\right)\times 100\%$ |

### 5.2.3　企业征信评判方法

伴随 Web 技术的不断演进与发展，在先后经历文档互联和数据互联之后，人类正在迈向基于知识互联的新时代。上述互联网风险指标多使用的是原始征信数据，主要来自用户网络上的留痕数据，如电商数据、网络交易数据和用户其他的网上行为数据，然后是介入的公共机构和外部合作机构的数据，此外还有用户自主提交的数据。

根据前文分析，ERP 云服务平台数据类型繁多，特别是各类搜索引擎及社交网络中的位置信息、音频、视频、文本、图片等有大量非结构化的数据。大数据的存放和有用信息的查找变得越来越难，合理地对文件进行分类是必要的，数据预处理主要采用聚类分析、主成分分析，分析出能够反映各借贷人所处供应链中的一些综合指标，如价格、产量、销量、现金流周期等；借贷人及所在企业的大数据很多都是非结构化数据，可采用知识图谱分析法，过程中引入虚拟变量，将非结构化数据用结构化数据来表示，便于数据处理。

在处理非结构化数据时，首先需要对非结构化数据提取正文。采用正文提取技术能过滤掉非相关数据如广告，只保留关注的文本内容。当得到正文文本后，通过自然语言技术使用命名实体识别技术识别文本中的实体。

主成分分析的主要目的是用较少的变量去解释原来资料中的大部分变异，将许多相关性很高的变量转化成彼此相互独立或不相关的变量。通常是选出比原始变量个数少，能解释大部分资料中的变异的几个新变量，即主成分，用以解释资料的综合性指标。金融市场中，很多变量是相互依存的，但是它们又没有严格的函数关系，如何刻画它们之间的关系，主成分分析是使用最多的统计方法之一。

（1）交易及财务数据测算。根据过往财务数据判断企业偿债能力。通过分析金融大数据，识别 ERP 云平台中供应链参与者留下的足迹，判断交易动向及偿债能力。

（2）销售量预测。中微小企业借贷由于其资产与经营限制，是景气循环的主要受害者，会由于经济与行业景气度的变化，其风险明显高于大型企业。因此需对借贷人的销售情况及市场景气指数进行评测。

艾瑞咨询的报告显示，网络评论通过用户的态度从某种程度上反映了商品的品质，从而影响消费者的选择。由于用户的评论可以帮助消费者决策，因此也能侧面反映借贷企业下一期的销售量。互联网中的评论以知识碎片的形式呈现，我们需要组织相关的知识碎片，通过深入的语义分析与推理，对信息内容的一致性进行充分验证，从而识别或挖掘不同主题下的潜在信息。本章通过收集、分析 ERP 云平台、电子商务平台的评价内容进行市场销售量预测及市场景气指数分析。

本章参考 Blei 等（2003）的隐含狄利克雷分布（Latent Dirichlet Allocation，LDA）模型提取评论中的“主题”，这些“主题”反映的评论被用于销售量预测。

LDA 模型是一种文档主题生成模型，也称为三层贝叶斯概率模型，包含词、主题和文档三层结构，如图 5-3 所示。文档中每个词一般都是通过“以一定概率选择了某个主题，并从这个主题中以一定概率选择某个词语”这样一个过程得到的，每个文档代表了一些主题所构成的一个概率分布，而每一主题又代表了很多单词所构成的一个概率分布，根据主题（分布）进行主题聚类或文本分类。同时，它是一种典型的词袋模型，即一篇文档是由一组词构成的，词与词之间没有先后顺序关系。此外，一篇文档可以包含多个主题，文档中每个词都由其中的一个主题生成。LDA 是一种非监督机器学习技术，可以用来识别大规模文档集合语料库中潜藏的主题信息，将文本视为词频向量，转化为易于建模的数字信息。它里面的每个词语出现的概率为 $p(\text{词语} \mid \text{文档}) = \sum_{\text{文档}} p(\text{词语} \mid \text{主题}) \times p(\text{主题} \mid \text{文档})$。

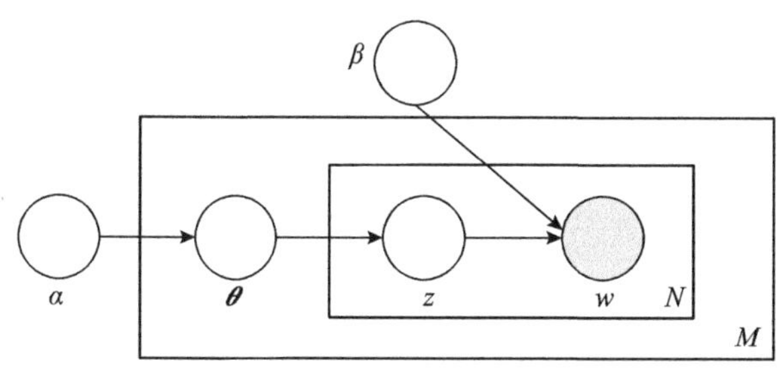


图 5-3　LDA 模型

预测主要针对供应链融资企业的销售量，基于 ERP 云平台或电商平台中客户对该企业产品的评论，提取评论的主题后使用反向传播神经网络（Back Propagation Neural Network，BPNN）模型对销售量进行预测。

每天的销售记录被统计成当天的销售量数据，作为 BPNN 的输入数据；收集的评论内容包括标题和评论主体，获取评论之后，将每天的评论作为一篇“文档”。使用汉语分词系统 ICTCLAS 将文本切分为单词，并且只有名词被挑选出来作为 LDA 模型的输入。

步骤 1：数据收集，选择进行正常销售的中小企业，收集该企业产品评论、历史销售量数据。

步骤 2：评论文本预处理。确定评论的训练集和测试集，并将评论处理成可输入的数据。

步骤 3：建立 LDA 模型进行主题提取。以步骤 2 处理的数据作为 LDA 的输入，通过 LDA 模型提取若干相关主题。

选择参数 $\boldsymbol{\theta}=p(\boldsymbol{\theta})$；对语料库中的 $N$ 个单词 $w_n$ 选择一个主题 $z_n \sim p(z \mid \boldsymbol{\theta})$，选择一个单词 $w_n \sim p(w \mid z)$。

其中 $\boldsymbol{\theta}$ 是一个主题向量，向量的每列表示每个主题在文档中出现的概率，该向量为归一化向量，$p(\boldsymbol{\theta})$ 是 $\boldsymbol{\theta}$ 的分布，服从狄利克雷（Dirichlet）分布。

$z_n$ 表示选择的主题，$p(z \mid \boldsymbol{\theta})$ 表示给定 $\boldsymbol{\theta}$ 时主题 $z$ 的概率分布，具体为 $\boldsymbol{\theta}$ 的值，即 $p(z=i \mid \boldsymbol{\theta})=\boldsymbol{\theta}_i$；$p(w \mid z)$ 同上。

该方法首先选定一个主题向量 $\boldsymbol{\theta}$，确定每个主题被选择的概率。然后在生成每个单词的时候，从主题向量 $\boldsymbol{\theta}$ 中选择一个主题 $z$，按主题 $z$ 的单词概率分布生成一个单词。

LDA 的联合概率为 $p(\boldsymbol{\theta}, z, w \mid \alpha, \beta)=p(\boldsymbol{\theta} \mid \alpha)\prod_{n=1}^{N}p(z_n \mid \boldsymbol{\theta})p(w_n \mid z_n, \beta)$。

步骤 4：特征权重处理。通过步骤 3 获得评论主题的权重值。

步骤 5：BPNN 建模。使用 BPNN 探索主题的分布与销售量之间的关系，用建立的模型对销售量进行预测。

其中，步骤 3、步骤 4 中获取的语料库中的主题分布及概率分布代表了语料中每个主题的比重。

（3）市场景气度预测。随着互联网的发展，众多产业都在网络中有较完整的数据记录及相关产品的评论，对于市场景气度的判断，本章基于网络大数据采用层次分析法（Analytic Hierarchy Process，AHP）对融资企业所在行业进行监测，也可参考国家统计局每年发布的统计数据。

步骤 1：数据收集，分析行业及现有网络数据特点。例如，是否具有城市区域特点，与经济发展、全球环境变化、人口流动、科技变化是否直接相关等。

步骤 2：构建层次结构模型。确定行业监测预警的主要含义，引入每层含义的评价指标，构建层次结构模型及判断矩阵。各层含义的选取要反映行业的发展情况，体现经济主体的经营活动，区域经济发展中行业的发展状况，在线销售渠道客户评价情况等。

步骤 3：监测预警指数编制。根据层次分析法获得各项数据的权重，构建该行业的监测预警指数 $HI$，其计算公式为 $HI = \sum_{i=1}^{n} X_i w_i$，其中，$X_i$ 为各数据项，$w_i$ 为各数据项的权重。

（4）交叉审核借贷人状况。借贷人状况是指申贷客户的信用状况、个人财力及其与银行的往来记录等，即常说的征信。

信用评分是最重要的征信产品之一。其依据是经验主义及实用主义，信用评分利用消费者过去的还款行为来预测其未来的还款行为。

个人信用报告主要包括：消费者还贷历史信息（信用卡贷款、住房和汽车贷款以及其他授信信息）；消费者拥有的信贷信用额度；消费者已用的信贷信用信息；从债务买方和收债人处获得的信息；公共信息，如抵押、判决、破产等。

随着互联网的发展以及网络大数据的沉淀，出现了可能补充和/或替代传统数据的替代数据，即消费者信贷数据之外的信用交易相关数据，可以在消费者信贷数据缺失的情况下，作为消费者信用描述和信用评估的手段，也可以作为一种增强信用评估的方法，如水电气付费、手机活动、社交媒体分析、心理测验、就业稳定性、资产稳定性等。

因此，我们在分析个人信用状况时，数据主要来源于征信机构和借贷人自身，如图 5-4 所示，包括传统的信用数据、替代的信用数据、借贷人公共记录、ERP 云平台专有数据库、互联网信用数据、借贷人提交的数据。分析流程主要包括数据采集、数据处理、数据分析和挖掘以及数据服务。

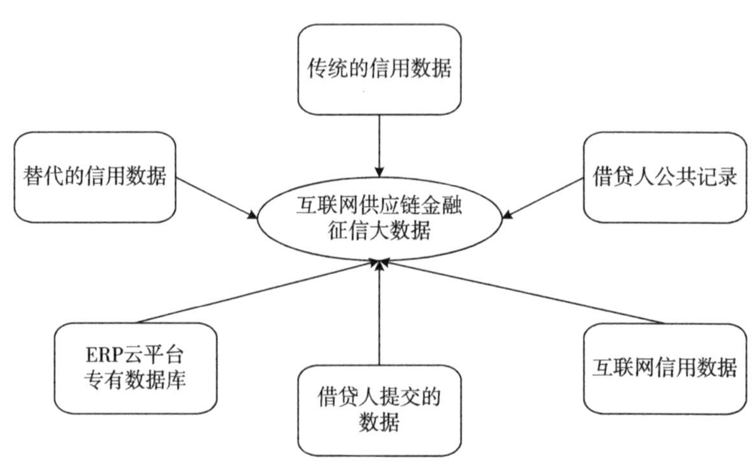


**图 5-4　互联网供应链金融个人征信大数据来源**

（5）传统的信用数据及借贷人公共记录。国内基本上涵盖了常见的有信用交易的人员信息，如公安部公民身份信息核查结果、个人基本信息、现有信用关系和支付债务时间表、公共信息、借贷人个人执业资格记录、行政奖励和处罚记录、法院诉讼和强制执行记录、欠税记录、社会保险记录、住房公积金记录以及信用交易记录。传统征信机构的数据来源主要包括提供信贷业务的机构，如商业银行、农村信用社、小额贷款公司，以及住房公积金管理中心等。

（6）互联网信用数据及替代的信用数据。大数据为征信活动提供了海量的、多样的、交叉互补的数据，征信机构可以获得信用主体及时、全方位的信息，如金融数据、信用数据、可替代数据（电信/移动预付费、电商、社交网络、心理数据等）、身份数据、破产数据、抵押物数据、保单数据、汽车数据等。互联网供应链金融平台可利用网络爬虫系统，分析借贷企业法定代表人的在线社交网络、互联网消费、支付等信息，捕捉和整合借贷企业法定代表人相关人际信息，也可采用第三方征信数据。

（7）借贷人资金用途及还款来源。资金用途指评估申贷客户的资金运用计划是否符合情理并且合法，以及其用途说明是否明确且具有可行性。还款来源是指了解申贷客户是否具备还款来源，其偿债能力如何，对客户放贷之后客户是否有能力支付还款金额。

大数据征信相比于传统征信，不仅包括传统的信贷数据，还包括与消费者的还款能力、还款意愿相关的一些描述性风险特征，如借贷人的房租缴纳记录、缴税、收入、网络数据信息等，通过多维度数据加强管控数据的描述能力，对传统征信无法服务的人群进行征信。

互联网供应链金融平台需将专业征信机构的相关信息进行整合，如将人际关系信息、销售量预测与贷前评级系统进行交叉验证，构成风险控制的“三保险”。结合传统信贷数据与互联网及替代信用数据，对借贷人偿还能力进行建模，生成借贷人完整的金融健康状态视图，对借贷人进行完整的描述，形成适用于互联网供应链金融的信用报告。

## 5.3 资金审批决策模型与授信模式研究

利用大数据分析技术、特征选择方法、监测和预测理论与方法挖掘互联网供应链金融网络大数据的特征，并融合时间序列模型和因素模型对互联网供应链金融关键指标进行实时监测和智能预测，主要内容包括：①互联网供应链金融信息的特征挖掘；②互联网供应链金融实时监测和风险智能预测建模。

以大数据技术为基础采集多源数据。在第5.1和5.2节的分析中，我们一方面继承了传统征信系统的决策变量，重视借贷方的信贷历史；另一方面结合互联网将能够影响用户信贷水平的其他因素也考虑进去，如互联网的行为信息，互联网中的交易、评价信息等，从而实现深度和广度的融合。

多维的征信大数据可以使互联网供应链金融平台除了从传统的征信体系评价借贷方，还可以从借贷方不同的角度进行描述和进一步深入量化其信用评估。如ZestFinance公司采用多角度集成学习，用到3500多个数据项，从中提取70000个变量，利用10个预测分析模型进行集成学习或多角度学习，最终得到消费者信用评分。

互联网供应链金融平台可参考ZestFinance公司多角度集成学习的评分预测模型，建立基于供应链数据的互联网供应链金融多角度集成学习的资金审批与授信模型。多角度集成学习是采用一系列算法模型进行分析预测，并使用某种规则把各个模型的分析结果进行整合，从而获得比单个算法模型更好的预测效果的一种机器学习方法，如图 5-5 所示。在第 5.2 节中建立的模型是从不同角度分析风险因素及对风险进行评

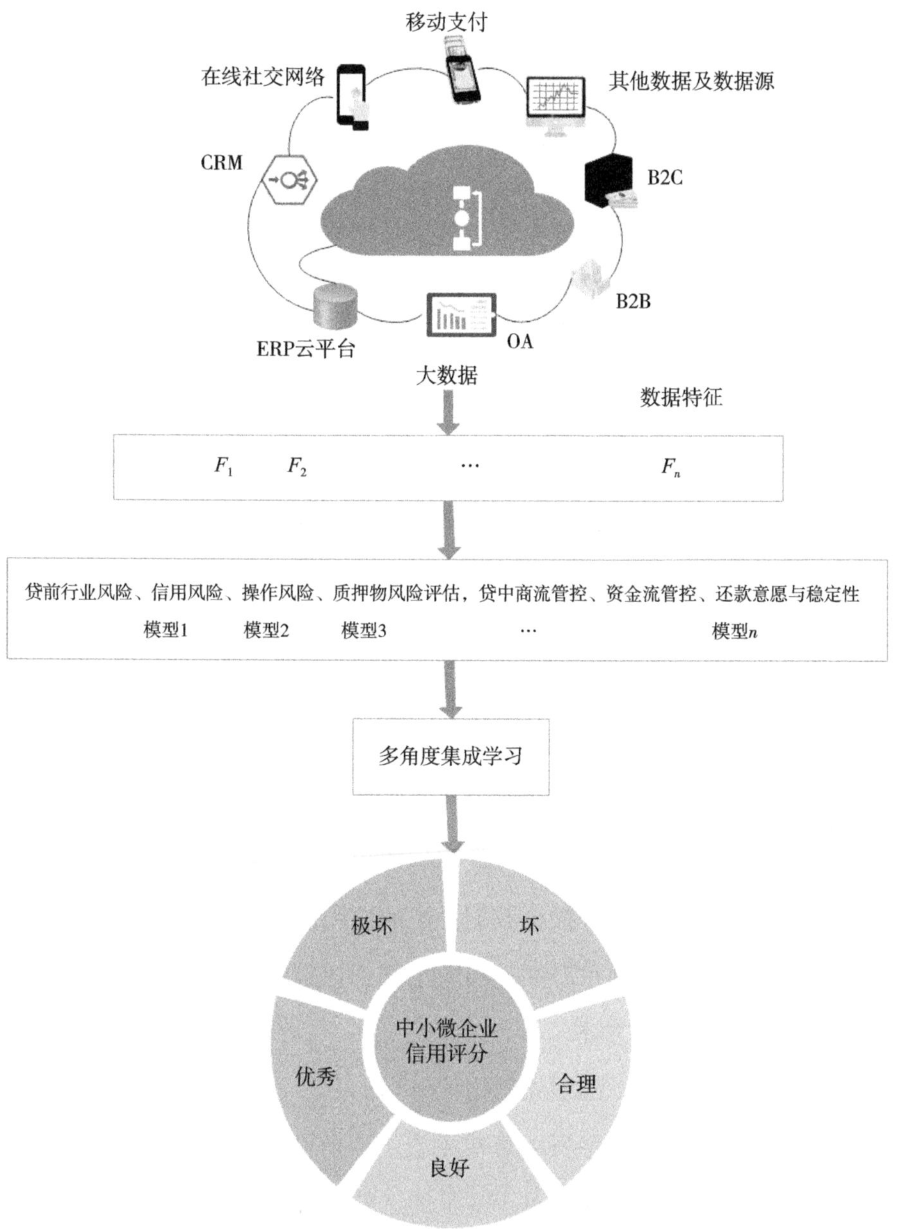


**图 5-5　互联网供应链金融多角度集成学习模型**

估，不同角度的信息存在关联，包含互补信息，多角度学习的过程相当于不断收集证据的过程，从而加强信息互补并进行信息融合。多角度集成学习并未采用传统的逻辑回归模型，而是从模型的大数据中抽取风险变量采用机器学习的方法进行分析。通过每个子模型从不同角度预测借款企业的信用状况、还款能力、还款意愿、预付能力、还款稳定性等。

多角度集成学习的关键在于大数据采集和大数据分析两个层面。以大数据技术为基础采集数据。数据源是大数据，如通过 ERP 云平台及电子商务平台收集客户积累的各项数据，把获取的数据分别输入不同的模型中，包括贷前风险评估模型中的行业风险模型、信用风险模型、操作风险模型、质押物风险模型，以及贷中风险控制模型中的商流管控模型和资金流管控模型，将贷前、贷中及贷后三个环节形成有效联结。

由于互联网供应链金融服务于中小微企业，供应链金融平台需要针对特定范围的服务群体开发相关的模型，合理地定位服务企业和深入理解服务对象，这也是资产审批模型成败的关键。

采用机器学习的方法可能会造成某些数据因为种种原因而丢失，较多的丢失数据会给建模过程带来挑战。因此，需根据实际运行情况不断改进评分模型，增强其处理丢失数据的能力，充分利用丢失数据之间的关联和正常数据的交叉来探寻数据丢失的原因。数据模型的开发需要数据科学家的参与，特别是对数据和中小微企业融资需求的理解以及数据挖掘技术都是建模的关键。

开发评分模型前，必须先确定评分目的及要预测的事件，并要有明确的定义，如应付账款融资、订单融资、应收账款融资等不同的项目。模型未来的应用目的不同，对于变量的选择和客户分类的定义也有可能不同。

数据观察期即变量计算的历史周期，绩效期则为准备预测的时间长度，考虑到稳定性及计算的方便性，通常观察期设为 6~24 个月，绩效期设为 12~24 个月。

对部分中小企业融资客户的风险评估结果会处于较为模糊的“灰色地带”，很难将其归类为优质客户或劣质客户。由于此类客户并无明显的风险特征，很难判断其好坏，为强化模型的区隔能力，“灰色地带”的客户不适合纳入建模样本之中。不过在模型完成后，可以通过打分将其加入测试。

多角度集成学习的数据处理步骤如下。

（1）通过收集原始数据，将大量来源于第三方或者信贷申请人的原始信息输入系统。

（2）设计机器学习算法，如特征选择算法，设计不一致度为评估标准，以空集状态为搜索起点，采用宽度优先算法进行搜索，直到找到满足不一致度为 0 的最小特征子集。测算获得转换数据，通过寻找数据间的关联性实现数据转换。

（3）进一步整合元变量中数据的关联性，将变量重新整合成测量指标用以反映信贷人的状况，如长短期信用风险、债务偿还能力等。

（4）产生几大模块，同时将这些较大的变量重新输入数据模型中进行分析。

（5）输出对应的合成分数，将每个数据模型输出的结论根据模型投票的原则，产生最终的信用分数。

在使用庞大的数据进行网络数据挖掘时，一定要先解决不同站点在异构环境下的集成问题，将各个站点上的数据集合到一起，为用户提供统一的集成化视图，从而有助于从如此庞大的数据集合中找到自己所需要的信息。

因此，需构建一个跨平台网络大数据分析研究框架，提出互联网供应链金融网络大数据提取和融合方法，建立基于跨平台网络大数据的社会经济实时监测和智能预测模型，研究互联网供应链金融实时监测预警系统中的数据获取和可视化新技术。

# 第6章

# 供应链金融企业风险识别

## ——人工智能的应用

区块链技术在保证加密、记账后的信息不被篡改等方面具有突出优势，但对于存储前的信息质量与真实性，区块链尚不能做到完全检验、排除和监管。近年来，金融科技在赋能实体经济高质量发展、推动金融产品质量和服务效率提升方面起着越来越重要的作用。供应链金融以中小微企业融资为主，中小微企业资金链断裂极易引发正常账款无法回收的风险。机器学习技术对通过提高响应速度和预测风险来防范供应链风险提供了可能性。在供应链金融模式下，如何通过人工智能高强度、高频率的数据处理算法帮助供应链企业对信息进行过滤、筛选、分析和决策，进而维护商业环境以及供应链稳定，仍是一个值得探究的问题。

本章从促进金融授信融资和防范信贷危机的角度出发，以 2020—2021 年我国 3641 家上市公司为例，对其财务和年报特征归纳出包含财务因子和舆论因子的风险评价指标体系，并将风险划分结果数据代入逻辑回归、神经网络和随机森林算法中构建最佳风险防控模型。

## 6.1 人工智能领域简介

人工智能在工业基础再造、产品技术攻关、供应链管理、生产与服务、数据安全、金融系统风险管理等多个领域，正引领新一轮科技革命和产业变革。把新一代人工智能作为推动科技跨越发展、产业优化升级、生产力整体跃升的驱动力量，努力实现高质量发展。基于人工智能技术的高效性与高精度，我国政府全面支持人工智能技术在多领域的研究、应用与发展。

在日趋复杂的政治经济形势和高速流通的信息化背景下，市场主体对不同的商业环境更加敏感，其细微的行为决策差异有可能衍变成行业的系统性风险。为稳固金融保障体系、降低系统性风险发生的可能性，要主动抓住科技赋能金融发展的机会。实时监测和预防企业信贷风险是银行和投资者盘活存量资金、提高授信规模和效用的新型模式。我国“十四五”规划明确指出要加快数字化转型，增强金融服务实体经济的能力和效率。伴随着国家政策的大力支持，中国人民银行印发《金融科技发展规划（2022—2025 年）》，提倡金融机构广泛应用大数据、云计算以及区块链等技术，打造金融支付、融资、投资、保险以及基础设施等领域的新服务模式。

防范化解风险是金融业的永恒主题。人工智能信息技术有利于开发出高强度、高频率的数据处理算法，有效融入各类金融产品与服务当中，最大限度地提升金融科技服务的效率与水平（程雪军，2023）。金融领域使用的数据已从狭义的财务数据过渡到广义的基本面信息，涵盖了与企业基本面相关的所有信息，如新闻舆情、产业链上下游企业数据等。

金融专家和学者越来越多地关注基于大数据、机器学习、神经网络、支持向量机、贝叶斯网络、聚类算法、随机森林、逻辑回归等技术，并将其应用于大数据金融风险的预防和控制，以及加速建设智能风险预防和控制平台。机器学习算法在识别异常风险因素和利用历史数据集进行预测方面有良好表现（Guo et al.，2021；Mohanty et al.，2021；Uthayakumar et al.，2020）。神经网络算法与其他算法相比，具有良好的容错性。贝叶斯网络算法可以用来描述不同风险的相互依赖性，并量化供应链中的风险传输（Chu et al.，2020）。支持向量机算法广泛应用于分类和预测问题，在供应链金融中处理小样本数据，能有效降低分类错误概率，提高风险预测准确性（Zhang et al.，2015）。随机森林算法包含多个分类器，可以通过随机选择数来处理不平衡数据集，例如供应链数据的不平衡性问题，随机森林可以有效解决并提高预测的准确性（Brintrup et al.，2020）。逻辑回归算法在供应链中可以通过资产、现金流等财务数据之间的关系来估计企业的潜在财务风险（Ying et al.，2020）。

灵活运用人工智能机器学习算法，构建金融授信风险预测模型是防止前述信贷危机和商业环境出现大幅度波动的关键。根据企业运作特点进行分类管理、判断授信影响因素并选择恰当的预测因子、融入新兴智能算法进行特定机器学习，有助于构建拟合度和预测精度较高的风控模型，企业可以用于识别风险因素，并预测市场需求和可能的风险情况。

## 6.2 人工智能金融风险领域理论基础

### 6.2.1 研究理论基础

信息经济学指出，现实世界中信息是不完美的，获取信息成本高，信息不对称程度受到企业和个人行为的影响。美国经济学家斯宾塞指出信号理论最根本的特征是内部人掌握着企业架构、产品及经营状况等重要信息，其作为信号发送者为外界提供行为决策的依据，而有效的信息传递能够降低信号接收者对信号做出反应过程中的不确定性和风险。

借贷市场中由于缺乏完美信息，信息不对称会造成逆向选择问题，借款人可能因风险评估不当而被错误地选中或排除，即质量较差的借款人更有可能获得贷款；信息不对称还可能存在道德风险问题，在这种情况下，如果借款人知道他们将不必承担全部后果，则可能采取风险更高的策略。杨馥等（2022）认为影响商业银行与个人投资者授信放贷的最大因素来源于融资企业到期还款的不确定性。王蕾等（2019）指出不确定性可分为纵向上的系统性风险和横向上的借贷双方信息不对称。企业内部经营信息的获得主要来源于其对外发布的财务报表和年度报告。然而，内部管理者可能会为了放大企业的经营成果、维护股东权益价值，在财务报表上披露的信息并不完全符合自身运营的实际情况，这在某种程度上会加剧信息不对称问题。人工智能和流通大数据的出现提高了资金借贷双方信息传递的质量和效率，能够有效传递企业在产业链和其他机构平台中的交易信息信号，反映其运作状况和信贷需求，进而提高金融供给质量。

本章从信息传递理论出发，总结包含企业内外部、财务/非财务以及舆论信息的风控因子，归纳出一套较为全面的风险预警评价体系，以期提高金融授信融资的质量和效率。

### 6.2.2 相关文献回顾

#### 1. 企业金融风险的影响因素

国内外学者对企业金融风险的影响因素进行了大量研究。关伟等（2013）指出，信用评级是资本市场产品定价的关键环节，20 世纪 80 年代至今，以穆迪、标准普尔为代表的美国信用评级机构逐步发展成为国际著名的金融风险评级机构，为全球资本市场提供评级服务。其中，标准普尔信用评级系统主要根据企业的短期、长期偿债能力对企业金融风险进行评级。

回顾美国金融发展史，资信评估被证明是成功且富有成效的。我国也建立了金融风险评估机构。孙俊成（2013）认为我国企业资信评估指标体系主要由六个方面的内容构成，其中包括企业经营能力、盈利能力、偿债能力等。胡胜（2011）和段翀等（2014）从偿债能力、发展能力、经营能力、现金流量情况、盈利能力五个方面的企业财务指标角度构建企业信用评价指标体系。

随着对企业金融风险影响因素研究的不断深入，国内外学者在企业金融风险预测模型中加入了非财务指标，由此进一步充实企业金融风险评级系统。Anderson 等（2009）发现客户满意度对企业的债务水平、偿债能力、信用评级有一定程度的正向影响，客户满意度较低的企业表现出较低的信用评级和较高的债务成本。Soubeyran 等（2013）提出国家经济环境、国家信贷政策在企业金融稳定性方面的重要影响力，研究结果表明，国家经济环境的多变性会显著增加企业金融风险。

国内学者对企业金融风险非财务指标的研究也具有突破性。范柏乃等（2003）在破产预测模型、信用预测模型、信用分析模型、营运资产评价模型这四个仅包含财务指标的金融风险模型的基础上，加入企业创新能力指标、企业治理能力指标、企业信用情况等非财务指标。舒歆（2015）结合小微企业实际发展情况，将财务定量指标和非财务定性指标相结合，在小微企业信用评级系统已有财务指标的基础上增加企业法人治理情况（前五大股东持股比例与股权激励机制）和企业信用情况（企业征信记录与高管征信记录）两个非财务指标。幸丽霞等（2017）提出，企业避税尤其是上市公司避税行为加剧了市场信息不对称的问题，降低了要素价格机制作用和金融资源配置效率，最终提高了企业金融风险，因此，将企业偷税避税行为纳入企业金融风险评级的非财务指标，企业避税程度越高，企业金融风险越大。

### 2. 人工智能算法在经济领域中的应用

机器学习方法与金融风险评估领域深度融合。多层感知器神经网络、BP 神经网络、支持向量机、决策树和随机森林等方法能够处理大规模数据，发现隐藏的模式和趋势，并提供更准确的风险评估，有助于金融机构、企业和监管机构更好地管理和降低风险。

胡海青等（2012）从供应链金融的视角切入，运用支持向量机和 BP 神经网络算法构建企业信用风险评估模型，对中小企业的信用风险进行评估。方匡南等（2016）在财务指标结构关系的基础上，构建基于 MCP 惩罚下的网络结构 Logistic 模型，该模型对大型上市公司的信用风险预测具有高准确率。在网络贷款风险评估研究领域，利用 BP 神经网络算法可以得出高危网贷企业在不同条件下的信用风险识别率和信用风险分类正确率（王茂光等，2017）。Kou 等（2019）提出了基于金融部门系统风险分析的机器学习方法，利用金融市场和系统中收集到的大量数据来识别和解决系统性风险。将大数据和机器学习算法融入金融风险评估，可以改善过度证券化风险，如通过遗传算法、神经网络和主成分分析技术收集和处理数据，可以进一步开发过度证券化的风险分析模型（Song et al.，2022）。Zhang 等（2020）提出应用 XGBoost 模型来识别客户交易欺诈风险。

伍彬等（2022）利用机器学习方法预测财务舞弊风险，研究发现分析师的消极评级能显著降低企业未来发生财务舞弊的概率。李阳等（2020）以贝叶斯方法为基础构建用于估计银行间负债的模型，并利用机器学习算法进行测试，推导出银行的违约概率并讨论其对于先验信息的敏感性，以此帮助金融监管部门评估金融机构的违约风险，维护金融市场的稳定。还有研究借助大数据指标和机器学习、深度学习、文本挖掘、网络分析等大数据方法模型，精准监测我国系统性金融风险，进行早期预警并开展传染性的测度（苗子清，2023）。

机器学习除了可以帮助投资者更精确地评估不同资产的风险，识别潜在的风险因素，并量化风险水平，还能提高投资决策的效率和准确性。

刘博（2022）为提高金融市场趋势预测精度，设计了基于机器学习算法的金融市场趋势预测方法，与实际金融市场情况具有较高的拟合度，可以用于未来的市场预测分析，帮助投资决策者进行理性判断。不仅如此，机器学习还可以监测舆论和新闻事件，了解市场情绪，增加资本市场的透明度。李双燕等（2023）利用文本大数据分析文本情绪与企业违规行为的关系，提醒上市公司和投资者重视MD&A文本情绪的信息价值，借助文本信息进行理性投资，告知监管部门应加强对上市公司信息披露的管控。机器学习也可以帮助改进交易执行策略，通过计算机对大量金融数据进行分析，建立投资决策模型以及进行交易判断、交易执行，平衡风险与收益，投资者能够及时把握机会进行交易（王普惠，2022）。

总体来看，人工智能算法在未来经济金融领域具有很强的发展和竞争优势，决策树、支持向量机、随机森林和人工神经网络等新兴人工智能技术是提升企业金融风控能力的强有力手段。并且机器学习在投资组合管理中可以提供更智能、自动化和个性化的投资策略，有助于投资者优化回报、降低风险并适应不断变化的市场环境。

随着对大数据的重视以及云平台的应用，大数据的覆盖范围越来越大，大数据分析逐渐应用于未来发展规划、风险评估和市场发展状况的整合。在风险识别与财务分析方面，尽管已有国内外学者尝试在进行智能化企业金融风险监测与评价时考量企业的财务与非财务因子，但现阶段对企业金融风险体系中非财务因子的深入研究仍有所欠缺。此外，少有研究综合运用财务指标、非财务指标、企业文本信息（如企业公告、年报）来评价企业的金融风险水平。综上，本章将重点研究企业金融风险影响因素中的多维度非财务因子，利用人工神经网络等算法构建更加结构化、自动化、有针对性的企业金融风险预测模型。

## 6.3　模型设计

### 6.3.1　模型构建

#### 1. 财务困境预测 Z 值模型和 O 值风险系数模型

出现财务困境或者财务危机是企业破产的先兆性预警，为保障自身资金的可回流性，许多贷款方往往不受理此类企业授信融资的请求。因此，预测和管理企业财务困境便成为银行投资贷款决策甚至是企业自身经营改革非常重要的一部分。

经济学中企业财务困境预测的经典理论是 Altman 的 Z 值模型和 Ohlson 开创的 O 值风险系数模型。Altman（1968）以破产企业和运行健康企业作为原始数据样本，利用多元判别分析法对筛选出的五种基本财务比率指标（运营资金/总资产、留存收益/总资产、息税前利润/总资产、权益的市场价值/总负债的账面价值、营业收入/总资产）赋予权重，通过加权平均计算出 Z 值风险得分。在此模型中，$Z>2.67$ 表示财务状况良好（低风险），发生破产的可能性较小；$Z<1.81$ 表示出现财务困境（高风险），潜伏着破产危机；$1.81\leqslant Z\leqslant 2.67$ 表示处于灰色地带（中风险），说明企业的财务状况极不稳定，出现财务困境的可能性很大。

有学者指出 Z 值模型默认所选财务指标服从正态分布，且其得分排序是基于健康运行程度而不是基于是否真正意义上出现破产。为了解决上述问题，Ohlson（1980）运用逻辑回归方法对企业是否发生破产进行二元分类，将得出的 O 值代入风险系数公式，当风险系数大于 0.5 时，企业有很高的破产风险。

本章进一步综合 Z 值和 O 值风险系数界定风险分类区间，将样本企业划分为高风险、中高风险、中风险和低风险四类，并将分类结果代入相关算法当中，以得出预测准确率最高的机器模型。

### 2. 人工神经网络模型

人工神经网络是受生物神经系统和大脑结构的启发而来的，人工神经网络成为经济领域大量原始技术的主要灵感来源（周利敏，2020）。像动物的大脑一样，人工神经网络也由相互连接的简单单元（神经元）组成，复杂性和功能来自元素间的相互作用。主要基于误差反向传播算法的人工神经网络，是一种非参数人工智能模型。

因为误差反向传播算法能通过调整神经网络的权重和偏置来最小化预测误差，从而提高模型的预测准确性，所以人工神经网络比传统类别分析和逻辑回归等线性预测模型更加准确。在财务风险预防方面，人工神经网络模型也比逻辑回归模型具有更强的预测能力（Erdal et al.，2013）。

增加人工神经网络模型的训练样本数量可自动推动关键信息的识别规则，通过增加训练样本的数量，机器可以学到更多的信息，提升自身的准确度。

人工神经网络模型结构如图 6-1 所示，包含一个输入层、两个隐藏层、一个输出层。每层采用全连接的方式，即每个节点都与下一层的所有节点通过权重相连，并使用激活函数对节点输出进行非线性转换。

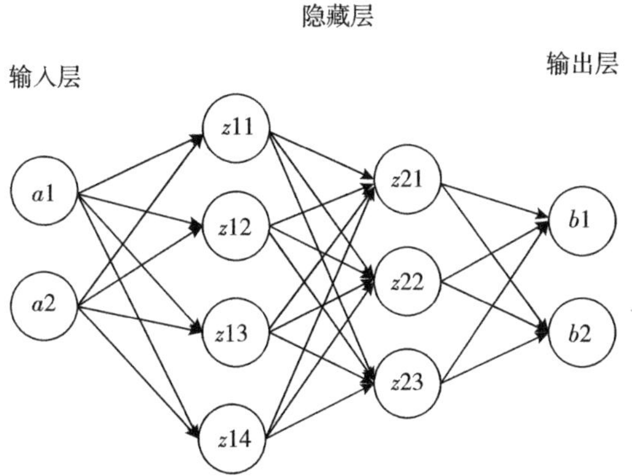


**图 6-1　人工神经网络模型结构**

本章基于人工神经网络对金融风险预测的功能，构建了一个三层前馈神经网络，利用企业各项经营和财务指标作为输入。该网络旨在区分不同的金融风险等级，其特点在于特定的结构和设置，以及对各项超参数的细致调整，确保了模型的准确性。

（1）人工神经网络的结构。

1）输入层：以企业营业收入增长率、营业利润增长率、净资产收入增长率、总资产增长率、利润总额增长率、净资产收益率、资产报酬率、营业毛利率、营业利润率、总资产净利润率、应收账款周转率、存货周转率、非流动资产周转率、固定资产周转率、营业收入现金含量、净利润现金含量、全部资产现金回收率、资产负债率、速动比率、现金流量负债比、流动比率、产权比率共计 22 项指标作为输入层的训练数据，即在输入层建立 22 个神经元。

2）隐藏层：对于隐藏层的神经元数量，如果设置过多，网络可能会学习到训练数据的噪声而非其潜在的模式，导致过拟合；如果设置过少，网络可能无法捕获数据的所有重要特征，导致欠拟合。常见的经验法建议隐藏层神经元数量设置为输入层神经元数量的 2/3 加上输出层神经元数量的2/3，且应不大于输入层神经元数量的2倍，本章根据这条原则和验证结果不断调整隐藏层神经元的数量设置，最后设定在44个，恰好为输入层的2倍。

3）输出层：本章将金融风险分为四个等级（见表6-1），在神经网络的输出层设置四个神经元对应每个等级分类。

表6-1　金融风险等级

| 风险等级 | 输出结果 |
| --- | --- |
| 低 | 1 |
| 中 | 2 |
| 中高 | 3 |
| 高 | 4 |

（2）学习率。学习率是人工神经网络和其他机器学习算法中的一个关键超参数。它决定了模型参数在每次迭代时的更新量。太大的学习率可能导致模型发散，而太小的学习率可能导致模型的训练非常缓慢或困在一个不是很好的局部最小值中。本章的实验中尝试了三个不同的学习率，分别为0.001、0.035、0.05，最终根据学习率在模型的拟合表现选择了0.035为模型的初始学习率，且人工神经网络中运用的Adam优化器具有自适应学习率调整功能。这意味着，尽管初始学习率设置为0.035，但在训练过程中，Adam优化器会为每个参数独立地调整学习率。

（3）激活函数。本章选择较为热门的ReLU函数，ReLU函数又称为修正线性单元，是人工神经网络中常用的激活函数。由于金融项目中数据集往往较大，ReLU函数与Sigmoid函数相比计算得更快，可以加快模型训练速度，同时能促进模型的稀疏性，有助于降低模型的过拟合。

本章构建人工神经网络模型的具体步骤如下。首先，将数据输入人工神经网络模型，以企业特征变量作为输入层的每个节点。在输出层设置四个神经元分别对应低风险、中风险、中高风险、高风险。在两个隐藏层中，每个隐藏层都包含若干个节点，人工神经网络模型隐藏层的具体参数见表 6-2。

**表 6-2　人工神经网络模型隐藏层的具体参数**

| 参数 | 参数值 |
| --- | --- |
| 学习率 | 0.035 |
| 第一个隐藏层节点数 | 10 |
| 第二个隐藏层节点数 | 8 |
| 激活函数 | ReLU |
| 迭代次数 | 1000 |

然后，分别应用 ReLU 函数和 Softmax 函数计算人工神经网络的输出结果。ReLU 函数用于网络的内部层，将输入的负部分归零，而 Softmax 函数用于网络的输出层，将网络的输出转化为各个类别的概率分布。采用的损失函数是对数损失（Log Loss），模型见式（6-1）：

$$J(t) = -\frac{1}{N}\sum_{i=1}^{N}\sum_{j=1}^{n} y_{i,j}\log y_{i,j} \tag{6-1}$$

其中，$N$ 为样本数量；$y_{i,j}$ 为第 $i$ 个样本的真实类别 $j$ 的标签（如果样本 $i$ 属于类别 $j$，则 $y_{i,j}=1$，否则 $y_{i,j}=0$），即第 $i$ 个样本属于类别 $j$ 的预测概率。比较网络输出和实际训练数据的目标值，计算输出层和各个隐藏层的误差。

最后，根据误差和 ReLU 函数的导数计算梯度，使用梯度下降法更新权重和偏置，见式（6-2）：

$$W(t+1)=W(t)-\eta\nabla J(t) \tag{6-2}$$

当训练达到指定的迭代次数后，训练过程结束。训练完成后，将新的输入数据输入人工神经网络，计算输出类别的概率分布。人工神经网络处理数据的流程如图 6-2 所示。

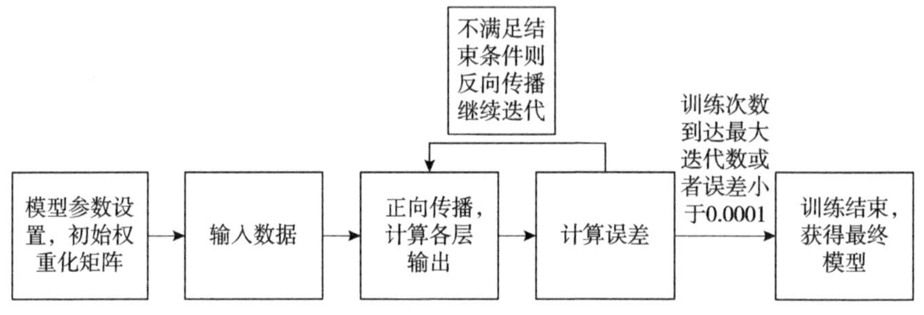


**图 6-2　人工神经网络数据处理流程**

### 3. 随机森林模型

随机森林是一种基于决策树的集成学习算法，通过构建多棵决策树来进行分类和回归任务，其基本思想是对数据进行随机抽样和特征选择，通过汇总多个决策树的预测结果来提升模型性能。随机森林模型在金融风险评估等领域具有广泛应用。

（1）抽取样本形成训练集。从数据中提取目标列并进行处理，然后提取特征列，在这里，将目标列进行了缩放，使其成为整数类型。同时，特征矩阵中剔除了名为“简称”的列。将 2020 年和 2021 年的数据合并，7248 份数据全部导入训练模型，再随机从中抽取 4958 份进行测试。

（2）建立决策树模型。在 Scikit-learn 库中建立随机森林分类器，该分类器由多棵决策树组成。每棵决策树将在训练集上进行训练以最终构建随机森林模型。

（3）超参数调优。为了进一步提升随机森林模型的性能，采用超参数调优的方法。超参数是指在模型构建过程中无法从数据中学习的参数，需要通过实验和验证来选取最佳值。采用网格搜索的方法，在一定的超参数范围内搜索最佳组合，以获得最优的随机森林模型。我们调优了决策树数量（80）、最小样本分割数（2）、最小叶节点样本数（1）、最大深度（None）等超参数，以寻找最佳模型性能。

（4）建立随机森林模型。使用随机森林算法构建一个由 50 棵决策树组成的模型，每棵决策树在独立的训练子集上进行训练，以确保模型的多样性和稳健性。最终得到一个随机森林模型，该模型汇总了每棵决策树的预测结果。

（5）利用随机森林模型预测并评估模型泛化能力。在模型构建和超参数调优完成后，使用测试集对优化后的随机森林模型进行评估。

模型在测试集上的准确率能够有效地衡量模型的分类性能。此处还对随机森林模型中各个特征的重要性进行了分析。通过计算特征的相对重要性，能够了解到哪些特征在模型预测中发挥了重要作用。我们将特征的重要性进行可视化，以便更好地理解模型的决策过程。

### 6.3.2　企业金融风险评级的判别与界定

为了对比分析人工智能技术应用于金融风险判别与风险防控领域的特征与优势，本章采用两类方法——专家调查法、机器学习法与实证研究法，对企业金融风险影响因素进行筛选，对金融风险评级进行判定。

#### 1. 专家调查法

专家调查法主要包含以下四个步骤。

第一步，设计调查问卷，请专家梳理金融授信融资风险预测模型所需指标，以及每个指标对应的风险判别标准；根据调查结果选择及修改模型中的财务指标与舆论指标，整理得到包含财务指标与舆论指标（非财务指标）的单指标风险判别标准表。

第二步，让专家对筛选后的每个财务指标、舆论指标的重要性程度进行打分，得到各财务二级指标、舆论二级指标的权重。在金融风险预测模型中，所有财务二级指标、舆论二级指标占比之和为100%。

第三步，根据专家权重和样本企业的实际数据，求出专家调查组各企业金融风险总得分。举例来说，假设某指标在模型中专家权重为$p\%$，若根据专家单指标风险判别标准表，该指标的判别结果为高风险，则单指标得分为$p$分；若该指标判别结果为低风险，则单指标最终得分为0分。企业金融风险总得分等于全部财务二级指标的总得分与全部舆论二级指标的总得分之和。

第四步，根据企业金融风险总得分，将企业整体金融风险划分为四个等级，等级越高表示企业的金融风险越大。

具体评分标准如下：总得分为［90，100］，属于高风险企业，综合评级结果为4级，说明企业存在非常严重的金融风险问题；总得分为［80，90），属于中高风险企业，综合评级结果为3级，说明企业存在的问题较多或者问题较严重，企业需立即采取纠正措施，否则可能引发倒闭；总得分为［60，80），属于中风险企业，综合评级结果为2级，说明企业风险状况一般，企业存在一些风险问题，但企业的风险抵御能力过关；总得分为［0，60），属于低风险企业，综合评级结果为1级，说明企业整体表现较好且企业的风险抵御能力较强。

### 2. 机器学习法与实证研究法

机器学习法与实证研究法主要包含以下三个步骤。

第一步，应用斯皮尔曼相关系数测算已由专家审核通过的全体财务指标、舆论指标，根据指标显著性水平结果精准筛除风险指标，仅保留斯皮尔曼双尾检验中在0.01级别相关性显著的指标。

第二步，运用人工神经网络等机器学习方法构建人工智能金融风险判别与风险防控模型，设计并改进算法，获取模型中各财务指标与舆论指标的机器模拟权重。

第三步，构建基于客观性风险判别指标的动态风险计量评分体系、分级分类风控规则。

风险评级标准如下：基于O值模型风险系数、Z值以及企业本年是否曾被暂停上市，将企业财务风险划分为四个等级，财务风险具体判别标准见表6-3。

**表6-3　财务风险等级的判别标准**

| 财务风险等级 | 判别标准 |
|---|---|
| 高风险 | （1）本年曾被暂停上市；<br>（2）O值模型风险系数>0.5 |
| 中高风险 | （1）$Z<1.81$；<br>（2）本年不曾被暂停上市；<br>（3）O值模型风险系数∈［0，0.5］ |
| 中风险 | （1）$Z\in$［1.81，2.67］；<br>（2）本年不曾被暂停上市；<br>（3）O值模型风险系数∈［0，0.5］ |
| 低风险 | （1）$Z>2.67$；<br>（2）本年不曾被暂停上市；<br>（3）O值模型风险系数∈［0，0.5］ |

财务风险等级判别指标的具体内容见表6-4。基于企业年报语气是否积极以及企业本年是否存在财务舞弊新闻将企业舆论风险划分为两个等级，舆论风险等级的具体判别标准见表6-5；舆论风险等级判别指标

的具体内容见表6-6。最后，应用机器算法计算出基于机器模拟权重的人工智能金融风险判别与风险防控模型的准确率。

**表6-4　财务风险等级判别指标的具体内容**

| 财务风险等级判别指标 | 计算方法和判别标准 |
|---|---|
| O值模型风险系数 | · $O=-1.32-0.407\times SIZE+6.03\times TLTA-1.43\times WCTA+0.0757\times CLCA-2.37\times NITA-1.83\times FUTL+0.285\times INTWO-1.72\times OENEG-0.521\times CHIN$<br>· 风险系数 $=e^{O}/(1+e^{O})$<br>$SIZE$=ln 总资产；<br>$TLTA$=总负债/总资产；<br>$WCTA$=营运资金/总资产；<br>$CLCA$=流动负债/流动资产；<br>$NITA$=净利润/总资产；<br>$FUTL$=经营性净现金流/总负债；<br>$INTWO$=若前两年 $NI<0$，则为1，否则为0；<br>$OENEG$=若总负债>总资产，则为1，否则为0；<br>$CHIN=(NI_t-NI_{t-1})/(\|NI_t\|+\|NI_{t-1}\|)$，$NI$ 表示净利润。<br>判别标准：若O值模型风险系数>0.5，则说明企业有很高的破产风险 |
| Z值 | · $Z=1.2X_1+1.4X_2+3.3X_3+0.6X_4+0.999X_5$<br>$X_1$=营运资金/总资产，反映资产变现能力；<br>$X_2$=留存收益/总资产，反映企业累积盈利能力；<br>$X_3$=息税前利润/总资产，反映资产的盈利能力；<br>$X_4$=权益的市场价值/总负债的账面价值，反映企业财务结构、偿债能力；<br>$X_5$=营业收入/总资产，反映企业资金周转情况、资产利用效率。<br>判别标准：$Z>2.67$，说明企业财务状况良好，发生破产的可能性较小；$Z<1.81$，说明企业存在财务困境，有破产危机；$Z\in[1.81, 2.67]$，说明企业财务状况不稳定 |

续表

| 财务风险等级判别指标 | 计算方法和判别标准 |
| --- | --- |
| 企业本年是否曾被暂停上市 | 若企业本年曾被暂停上市，则说明企业最近 3 年连续亏损；或者企业股本总额、股权分布等发生变化，不再具备上市条件；或者企业未按规定公开其财务状况；或者财务会计报告有虚假记录 |

表 6-5　舆论风险等级的判别标准

| 舆论风险等级 | 判别标准 |
| --- | --- |
| 高风险 | （1）年报语气积极指数排在末约 25%；<br>（2）本年存在财务舞弊新闻 |
| 低风险 | （1）年报语气积极指数排在前约 75%；<br>（2）本年不存在财务舞弊新闻 |

表 6-6　舆论风险等级判别指标的具体内容

| 舆论风险等级判别指标 | 计算方法和判别标准 |
| --- | --- |
| 年报语气积极指数 | · 年报语气积极指数 =（积极词汇数 - 消极词汇数）/ 年报词汇总数；以上 3 个词汇数均基于 LM 词典计算。<br>年报语气积极指数越大，表示年报文本信息语气越积极。国内学者运用文本挖掘、量化分析、基于情感词典结合深度学习的方法研究年报语气对企业业绩的影响，结果表明企业年报语气词会加强投资者对年报文本信息披露质量的质疑，最终影响企业业绩（高心琴，2021）。有学者研究年报语气对企业未来业绩的预测能力以及对股票回报的影响，结果显示，企业年报语气积极指数与企业年报披露后下一年经营业绩及经营业绩增量具有显著正相关关系（郭慧，2019）。综上，学者们的研究表明作为非财务指标的年报语气积极指数能反映企业的舆论风险，并对企业整体金融风险存在显著影响 |

续表

| 舆论风险等级判别指标 | 计算方法和判别标准 |
|---|---|
| 企业本年存在财务舞弊新闻 | 舆论财务监督与企业财务舞弊新闻密切相关，因此把存在财务舞弊新闻作为企业舆论高风险的评判标准之一（李越冬等，2010）。上市公司财务报告舞弊的负面影响包括：<br>（1）削弱市场的资源配置功能，造假的会计报表会误导市场，导致资源的逆向配置；<br>（2）误导投资者，造成投资者损失；<br>（3）相关机构受害，与被曝光财务造假的上市公司有业务往来的企业机构受其所害；<br>（4）相关中介机构损失，如出具审计意见的会计师事务所等；<br>（5）相关人员遭受重大打击，包括公司高管人员、普通员工、其他持有该公司股份的员工；<br>（6）造成诚信缺失及投资者对上市公司不再信任 |

综上，依次运用专家调查法、机器学习法得到样本企业金融风险整体等级及具体的企业财务风险等级、舆论风险等级，对上述结果进行定量与定性对比分析，可以得到企业金融风险评级的判别与界定的研究结果。

### 6.3.3 企业金融风险的影响因素分析

企业金融风险影响因素包括财务指标和非财务指标，见表 6-7 和表 6-8。若单指标判定为低风险，则说明该指标对应的财务或非财务指标能力较强；若单指标判定为高风险，则说明该指标对应的财务或非财务指标能力较弱。财务指标数据与非财务指标数据的统计时间区间为年度。

表 6-7　企业金融风险识别与风险防控模型中各项财务指标的具体内容

| 一级指标 | 二级指标 | 计算公式 | 指标分析 |
| --- | --- | --- | --- |
| 偿债能力 | 速动比率 | 速动资产/流动负债 | 速动比率越高，企业短期偿债能力越强 |
| | 现金流量负债比 | 经营活动现金流量净额/总负债 | 现金流量负债比越高，企业短期偿债能力越强 |
| | 流动比率 | 流动资产/流动负债 | 流动比率越高，企业短期偿债能力越强 |
| | 资产负债率 | 负债总额/资产总额 | 资产负债率越低，企业长期偿债能力越强 |
| | 产权比率 | 负债总额/股东权益 | 产权比率越低，企业长期偿债能力越强 |
| 现金流量能力 | 净利润现金含量 | 经营活动现金流量净额/净利润 | 在现金流量与净利润两者都为正的前提下，净利润现金含量越高，企业现金流量能力越强 |
| | 营业收入现金含量 | 经营活动现金流量净额/营业收入 | 营业收入现金含量越高，企业现金流量能力越强 |
| | 全部资产现金回收率 | 现金流量/总资产 | 全部现金回收率越高，企业现金流量能力越强 |
| 盈利能力 | 营业利润率 | 营业利润/营业收入 | 营业利润率越高，企业盈利能力越强 |
| | 净资产收益率 | 净利润/平均净资产 | 净资产收益率越高，企业盈利能力越强；但若净资产收益率大于39%，一般当作造假对待 |
| | 总资产净利润率 | 净利润/平均资产总额 | 总资产净利润率越高，企业盈利能力越强 |
| | 资产报酬率 | （利润总额+利息支出）/平均资产总额 | 资产报酬率越高，企业盈利能力越强 |
| | 营业毛利率 | （销售收入–销售成本）/销售收入 | 营业毛利率越高，企业盈利能力越强 |

续表

| 一级指标 | 二级指标 | 计算公式 | 指标分析 |
|---|---|---|---|
| 营运能力 | 应收账款周转率 | 营业收入/平均应收账款余额 | 应收账款周转率越高，企业营运能力越强 |
| | 存货周转率 | 营业成本/平均存货 | 存货周转率越高，企业营运能力越强 |
| | 非流动资产周转率 | 营业收入/非流动资产 | 非流动资产周转率越高，企业营运能力越强 |
| | 固定资产周转率 | 营业收入/平均固定资产净值 | 固定资产周转率越高，企业营运能力越强 |
| 发展能力 | 营业收入增长率 | （本期营业收入-上年同期营业收入）/上年同期营业收入 | 营业收入增长率越高，企业发展能力越强 |
| | 营业利润增长率 | （本期营业利润-上年同期营业利润）/上年同期营业利润 | 营业利润增长率越高，企业发展能力越强 |
| | 利润总额增长率 | （本期利润总额-上年同期利润总额）/上年同期利润总额 | 利润总额增长率越高，企业发展能力越强 |
| | 净资产收入增长率 | （本期净资产收入-上年同期净资产收入）/上年同期净资产收入 | 净资产收入增长率越高，企业发展能力越强 |
| | 总资产增长率 | （本年总资产-上年总资产）/上年总资产 | 总资产增长率越高，企业发展能力越强 |

**表 6-8　企业金融风险识别与风险防控模型中各项非财务指标的具体内容**

| 一级指标 | 二级指标 | 计分标准 | 判断依据 |
|---|---|---|---|
| 企业履约情况 | 是否存在违规担保 | 0 表示否，1 表示是 | 若未查到企业存在违规担保的情况，则单指标判定为低风险，否则判定为高风险 |

续表

| 一级指标 | 二级指标 | 计分标准 | 判断依据 |
| --- | --- | --- | --- |
| 企业履约情况 | 是否存在欺诈上市或内幕交易或违规买卖股票 | 0 表示否，1 表示是 | 若未查到企业存在欺诈上市或内幕交易或违规买卖股票的情况，则单指标判定为低风险，否则判定为高风险 |
| | 是否擅自改变资金用途 | 0 表示否，1 表示是 | 若未查到企业存在擅自改变资金用途的情况，则单指标判定为低风险，否则判定为高风险 |
| | 是否披露内控评价报告 | 0 表示是，1 表示否 | 若企业有披露内控评价报告，则单指标判定为低风险，否则判定为高风险 |
| 企业经营风险 | 供应商集中度 | 前 5 名供应商采购额/年度采购总额 | 若企业的供应商集中度低于行业均值，则单指标判定为低风险，否则判定为高风险 |
| | 客户集中度 | 前 5 名客户销售额/年度销售总额 | 若企业的客户集中度低于行业均值，则单指标判定为低风险，否则判定为高风险 |
| | 是否存在重大变更 | 0 表示否，1 表示是 | 若未查到企业存在重大变更的情况，则单指标判定为低风险，否则判定为高风险 |
| | 股份是否质押、冻结或托管 | 0 表示否，1 表示是 | 若未查到企业股份存在质押、冻结或托管的情况，则单指标判定为低风险，否则判定为高风险 |
| 企业资信情况 | 是否存在虚假记载或披露不实 | 0 表示否，1 表示是 | 若未查到企业存在虚假记载或披露不实的情况，则单指标判定为低风险，否则判定为高风险 |
| | 是否存在偷税、欠税、抗税 | 0 表示否，1 表示是 | 若未查到企业存在偷税、欠税、抗税的情况，则单指标判定为低风险，否则判定为高风险 |

续表

| 一级指标 | 二级指标 | 计分标准 | 判断依据 |
|---|---|---|---|
| 企业资信情况 | 企业透明度是否及格 | 0 表示是，1 表示否 | 若未查到上市企业透明度不及格，则单指标判定为低风险，否则判定为高风险 |
| 企业基本信息 | 是否存在同一实际控制人控制多家上市公司的情况 | 0 表示否，1 表示是 | 若未查到企业的实际控制人存在控制多家上市公司的情况，则单指标判定为低风险，否则判定为高风险 |
| | 公司董事长与总经理是否为同一人 | 0 表示否，1 表示是 | 若未查到企业存在董事长与总经理为同一人的情况，则单指标判定为低风险，否则判定为高风险 |
| | 负面新闻占比 | 负面新闻数量/年度统计新闻总数 | 若关于企业的负面新闻占比低于行业均值，则单指标判定为低风险，否则判定为高风险 |
| 企业司法风险 | 是否存在移送司法机关处理事件 | 0 表示否，1 表示是 | 若未查到企业存在移送司法机关处理的记录，则单指标判定为低风险，否则判定为高风险 |
| | 是否存在行政处罚事件 | 0 表示否，1 表示是 | 若未查到企业有受到行政处罚的人员，则单指标判定为低风险，否则判定为高风险 |
| | 是否存在环境违法事件 | 0 表示否，1 表示是 | 若未查到企业有环境违法事件，则单指标判定为低风险，否则判定为高风险 |
| | 是否披露环境和可持续发展报告 | 0 表示否，1 表示是 | 若查到企业披露环境和可持续发展报告数量不为 0，则单指标判定为低风险，否则判定为高风险 |

## 6.4 实证研究

### 6.4.1 数据来源

本章利用 CSMAR 数据库与中国研究数据服务平台（CNRDS），参照申银万国行业分类 2021 修订版，选取部分沪深 A 股上市公司作为研究样本，并导出 2020—2021 年部分财务数据和部分非财务数据进行整理分析，其中负面舆情及投诉信息和年报语气积极指数两项指标来自 CNRDS，其余指标均来自 CSMAR 数据库。由于数据获得的局限性，本章在 CSMAR 数据库中查找并归类上市公司违规类型（包括违规担保、欺诈上市、内幕交易、违规买卖股票、擅自改变资金用途、虚假记载、披露不实、偷税、欠税、抗税等共计 16 项）作为部分非财务指标；同时下载 2020—2021 年中国证券市场的所有公告信息，利用关键词搜索并归类上市公司重要事项作为部分非财务指标。

样本企业筛选标准如下：①筛除被特别处理（ST）的企业；②筛除申银万国行业分类 2021 修订版中行业为银行、非银行金融、其他金融的全部金融企业，最终根据筛选标准得到 3641 家样本企业数据。

### 6.4.2 数据预处理

（1）缺失数据填充。①删除多余的列数据，如重复的年份与企业信息。②筛选企业，删除缺失 2020—2021 年两个及以上季度数据的企业；进一步删除缺失第二季度即半年报数据的企业，剩余 3641 家样本企业。③筛选指标，删除缺失数据个数占数据总数超过 1/2 的指标，剩余金融风险指标包括财务指标 22 项、非财务指标 20 项。④行业均值填充，对筛选后仍空缺的个别企业财务指标数据与非财务指标数据进行填充：若为数字指标，则填充所在行业该指标的均值；若为 0、1 指标，则求出所在行业该指标的均值，均值小于或等于 0.5 的填充结果为 0，均值大于 0.5 的填充结果为 1。

（2）指标数据标准化处理。由于每个指标的性质、量纲、数量级等特征均存在一定的差异，为了统一比较的标准，保证结果的可靠性，研究对原始变量进行了一定的处理，将原始数据转化为无量纲、无数量级差异的标准化数值。

在财务指标部分，本章将定量变量转化为处在 0~1 区间内的定序变量。首先统一调整财务指标风险方向，按照数值越高风险越大的标准，将除资产负债率和产权比率之外的 20 个财务变量做取相反数处理。进而根据企业风险情况、行业年度“暴雷”数量以及企业偏离行业均值程度，对每个指标进行机器随机划分标准化区间，保证有 10%以内的行业企业数量处在高风险区间（偏离行业均值程度为 80%~100%，指标风险赋值为 1）、20%左右的行业企业数量处在中高风险区间（偏离行业均值程度为 60%~80%，指标风险赋值为 0.75）、40%左右的行业企业数量处在中风险区间（偏离行业均值程度为 40%~60%，指标风险赋值为 0.5）以及 30%左右的行业企业数量处在低风险区间（偏离行业均值程度在 40%以内，指标风险赋值为 0.25）。

在非财务指标部分，本章将供应商集中度、客户集中度和负面新闻占比 3 个定量变量进行 0~1 定性处理。首先统一按照数值越高风险越大的标准，调整 3 个变量的风险方向。然后同样根据企业风险情况、行业年度“暴雷”数量以及企业偏离行业均值程度，对每个指标进行机器随机划分标准化区间，保证有 25% 左右的行业企业数量处在高风险区间（偏离行业均值程度为 60%～100%，指标风险赋值为 1）、75% 左右的行业企业数量处在低风险区间（偏离行业均值程度在 60% 以内，指标风险赋值为 0）。

（3）样本划分。模型的数据来源是经过初步数据处理及斯皮尔曼相关系数筛选的 2020—2021 年 A 股上市企业财务数据、非财务数据。具体而言，将 2020 年和 2021 年的全数据合并，以 7282 家企业数据作为训练集合，从中抽取 4958 份数据作为测试集用于测试机器性能。

## 6.5　数据处理与分析

### 6.5.1　专家调查法

通过专家调查法得到的企业金融风险指标权重模型见表 6-9。对比表 6-8 可知，专家调查法涉及的部分非财务指标与最终确定的企业金融风险识别与风险防控模型中的指标有所不同，原因包括以下两点：①部分专家指标在后续的指标相关性计算环节被判断为不显著指标，如企业是否有法定代表人变更、年报语气积极指数，因此该指标被筛除。②部分指标数据暂时无法获取，如董监高持股比例变动率、企业失信行为履行情况，因此该指标被删除或替换。

**表 6-9　专家调查法企业金融风险指标权重模型**

| 指标分类 | 一级指标 | 二级指标 | 专家权重 |
|---|---|---|---|
| 财务指标 | 发展能力 | 营业收入增长率 | 3.60% |
| | | 营业利润增长率 | 3.34% |
| | | 净资产收入增长率 | 3.34% |
| | | 总资产增长率 | 3.09% |
| | | 利润总额增长率 | 3.09% |
| | 盈利能力 | 净资产收益率 | 3.51% |
| | | 资产报酬率 | 3.26% |
| | | 营业毛利率 | 3.26% |
| | | 营业利润率 | 3.09% |
| | | 总资产净利润率 | 2.97% |
| | 营运能力 | 应收账款周转率 | 3.51% |
| | | 存货周转率 | 3.51% |
| | | 非流动资产周转率 | 2.91% |
| | | 固定资产周转率 | 2.91% |
| | 现金流量能力 | 营业收入现金含量 | 3.60% |
| | | 净利润现金含量 | 3.26% |
| | | 全部资产现金回收率 | 2.66% |
| | 偿债能力 | 资产负债率 | 3.43% |
| | | 速动比率 | 3.17% |
| | | 现金流量负债比 | 3.17% |
| | | 流动比率 | 2.83% |
| | | 产权比率 | 2.49% |
| 非财务指标 | 企业资信情况 | 企业失信行为履行情况 | 1.81% |
| | | 是否存在虚假记载或披露不实 | 1.63% |
| | | 是否存在偷税、欠税、抗税 | 1.58% |

续表

| 指标分类 | 一级指标 | 二级指标 | 专家权重 |
| --- | --- | --- | --- |
| 非财务指标 | 企业履约情况 | 是否存在欺诈上市或内幕交易或违规买卖股票 | 1.76% |
| | | 是否存在违规担保 | 1.67% |
| | | 是否披露内控评价报告 | 1.49% |
| | | 是否擅自改变资金用途 | 1.45% |
| | 企业司法风险 | 是否存在移送司法机关处理事件 | 1.63% |
| | | 是否有行政处罚事件 | 1.58% |
| | | 是否存在环境违法事件 | 1.54% |
| | | 是否披露环境和可持续发展报告 | 1.35% |
| | 企业基本信息 | 负面新闻占比 | 1.63% |
| | | 年报语气积极指数 | 1.51% |
| | | 董监高持股比例变动率 | 1.49% |
| | | 是否存在同一实际控制人控制多家上市公司的情况 | 1.08% |
| | 企业经营风险 | 是否存在重大变更 | 1.45% |
| | | 是否有法定代表人变更 | 1.26% |
| | | 股份是否质押、冻结或托管 | 1.49% |
| | | 供应商集中度 | 1.31% |
| | | 客户集中度 | 1.31% |

### 1. 财务指标专家结果分析

根据专家对风险指标重要性评分结果，对于投资者来说，企业的发展能力与盈利能力是最关键的投资评价指标；对于债权人来说，偿债能力是最核心的借贷风险判别指标。在二级指标中，权重最高的是营业收入增长率与营业收入现金含量，它们在企业整体金融风险指标中影响力占比均为 3.60%。从上述结果可以看出，营业收入是最重要的财务指标之一，营业收入的变化趋势和营业收入的现金含量对反映企业的财务状况与财务风险具有显著作用。

本章选取营业收入增长率指标进行深入分析。基于财务角度，营业收入增长率是综合评价流通企业发展能力的重要指标之一（戴昕，2021）。在财务能力中，营业收入增长率对中小企业的成长具有显著影响（韩平，2010）。营业收入增长率可以很好地衡量企业一定时期内销售业务的增长状况、市场份额变动和市场拓展能力（方光正等，2017）。由 2017 年企业绩效评价标准值可知，营业收入增长率的全行业标准值：优秀值为 27.6%，良好值为 17.1%，平均值为 3.5%，较低值为-6.6%，较差值为-22.6%。营业收入增长率的作用主要体现在以下两个方面：①营业收入增长率可以反映企业销售额的增长幅度，借以判断企业主营业务的发展状况。若营业收入增长率低于-22.6%，说明企业主营业务大幅滑坡；当营业收入增长率小于应收账款增长率时，企业有可能存在操纵利润行为，需严加防范。②营业收入增长率可以衡量企业业务的生命周期，判断企业发展所处阶段。一般情况下，若营业收入增长率超过 17.1%，则说明企业业务处于成长期，拥有较好的增长势头，尚未面临产品或服务更新的风险，属于成长型企业；若营业收入增长率为 3.5%～17.1%，则说明企业进入稳定期，未来将进入衰退期，企业需要着手开发新产品、新业务；若营业收入增长率低于 3.5%，则说明企业已进入衰退期，其保持市场份额遇到困难，企业的主营业务利润开始滑坡。

### 2. 非财务指标专家结果分析

本章选取企业资信情况、企业履约情况进行深入分析。在大数据背景下，对企业金融服务具有显著影响的是信用风险（王文楠，2022）。

资信能力、履约能力、创新能力等指标是企业综合能力指标评价体系的重要组成部分（黄建等，2023）。企业资信能力与履约能力的价值体现在以下六个方面：①企业高信用水平能降低投资者、合作方的投资交易风险，根据交易对象优选原则，信用度是需求方的首要参考项（李祥红，2020）。②高信用水平能够帮助企业获得经营合作机会，企业在签订购销合同、参加招投标、申请资质、争取政府支持等经营过程中，都需要有良好的资信履约记录作为保证（戴文哲，2019）。③高信用水平能提高企业在金融市场进行交易活动的可行性，企业在资本市场中发行股票、债券等进行筹资或者向金融机构申请贷款，都须有足够的信用等级。④高信用水平能够降低企业的筹资成本（马海芳，2017），资信与履约情况优良的企业发行债券或申请贷款的利率较低。⑤高信用水平能降低企业的营销成本，良好的信用能够促进行业上下游交易，增加营销业务成功率，减少时间成本和试探性调查成本。⑥高信用水平能促进企业增值，随着企业资信履约记录的增加，信用度逐渐成为企业自身发展的固有资本（房引宁，2018）。总的来说，企业信用决定了企业能否在交易市场上获得支持、合作、贷款和融资等。较高的信用水平能够帮助企业有效控制舆论风险、开拓发展道路，为企业发展提供动力。

## 6.5.2　显著性检验和相关性分析

### 1. 显著性检验

由于财务指标高风险（30 个）、中高风险（1739 个）、中风险（1232 个）和低风险（4281 个）样本以及非财务指标高风险（1223 个）和低风险（6059 个）样本间存在显著差异，因此必须检验财务指标和非财务指标对于几类样本是否存在显著差异，以进一步选取指标。

（1）财务指标非正态分布定距变量克鲁斯卡尔-沃利斯（K-W）检验。针对高风险、中高风险、中风险和低风险样本，本章采用 $\alpha=0.05$ 的显著性水平为临界值来判断各财务指标变量是否显著。从表6-10中受检验的22个财务指标可知，有20个财务指标变量在高风险、中高风险、中风险和低风险样本之间显示出差异性，即显著性水平 $P<0.05$，其中18个财务指标变量的显著性水平 $P<0.001$，差异性非常显著；而其余2个财务指标变量，即固定资产周转率和净利润现金含量的显著性水平 $P>0.05$，表示其高风险、中高风险、中风险和低风险样本之间没有明显的差异性。

表6-10 定距变量K-W检验

| 财务指标变量 | $H$ | 自由度 | $P$ |
|---|---|---|---|
| 流动比率 | 140.532 | 3 | 0.000 |
| 速动比率 | 302.021 | 3 | 0.000 |
| 现金流量负债比 | 60.002 | 3 | 0.000 |
| 资产负债率 | 216.349 | 3 | 0.000 |
| 产权比率 | 258.810 | 3 | 0.000 |
| 应收账款周转率 | 40.076 | 3 | 0.000 |
| 存货周转率 | 52.117 | 3 | 0.000 |
| 固定资产周转率 | 0.468 | 3 | 0.926 |
| 非流动资产周转率 | 42.587 | 3 | 0.000 |
| 总资产净利润率 | 94.701 | 3 | 0.000 |
| 资产报酬率 | 73.866 | 3 | 0.000 |
| 净资产收益率 | 29.697 | 3 | 0.000 |
| 营业毛利率 | 40.789 | 3 | 0.000 |
| 营业利润率 | 45.947 | 3 | 0.000 |

续表

| 财务指标变量 | $H$ | 自由度 | $P$ |
|---|---|---|---|
| 净利润现金含量 | 3. 491 | 3 | 0. 322 |
| 营业收入现金含量 | 12. 963 | 3 | 0. 005 |
| 全部资产现金回收率 | 47. 404 | 3 | 0. 000 |
| 总资产增长率 | 9. 993 | 3 | 0. 019 |
| 净资产收入增长率 | 34. 581 | 3 | 0. 000 |
| 利润总额增长率 | 26. 113 | 3 | 0. 000 |
| 营业利润增长率 | 23. 498 | 3 | 0. 000 |
| 营业收入增长率 | 9. 439 | 3 | 0. 024 |

（2）非财务指标非正态分布分类变量卡方检验。针对高风险和低风险样本，本章采用 $\alpha=0.05$ 的显著性水平为临界值来判断各非财务指标变量是否显著。由于是否存在移送司法机关处理事件，是否存在偷税、欠税、抗税，是否擅自改变资金用途变量中出现 1 个理论频数≥1 且<5 的项，因此显著性检验观察连续校正渐进 *Sig* 值（双侧）；其余 15 个非财务指标变量中出现理论频数<1 的项，因此显著性检验观察 Fisher 精确检验 *Sig* 值（双侧）。表 6-11 所示为分类变量卡方检验，结果显示有 12 个变量显著性水平<0. 05，即具有显著性影响；其余 6 个变量显著性水平>0. 05，即没有显著性影响。

**表 6-11　分类变量卡方检验**

| 非财务指标变量 | 连续校正渐进 *Sig* 值（双侧） | Fisher 精确检验 *Sig* 值（双侧） |
|---|---|---|
| 供应商集中度 | | 0. 000 |
| 客户集中度 | | 0. 000 |
| 股份是否质押、冻结或托管 | | 0. 000 |
| 是否存在重大变更 | | 0. 000 |

续表

| 非财务指标变量 | 连续校正渐进 *Sig* 值（双侧） | Fisher 精确检验 *Sig* 值（双侧） |
|---|---|---|
| 是否存在同一实际控制人控制多家上市公司的情况 | | 0.121 |
| 公司董事长与总经理是否为同一人 | | 0.085 |
| 负面新闻占比 | | 0.971 |
| 是否披露环境和可持续发展报告 | | 0.000 |
| 是否存在环境违法事件 | | 0.016 |
| 是否存在移送司法机关处理事件 | 0.003 | |
| 是否存在行政处罚事件 | | 0.000 |
| 是否存在虚假记载或披露不实 | | 0.000 |
| 是否存在偷税、欠税、抗税 | 0.498 | |
| 企业透明度是否及格 | | 0.000 |
| 是否存在欺诈上市或内幕交易或违规买卖股票 | | 0.000 |
| 是否存在违规担保 | | 0.019 |
| 是否擅自改变资金用途 | 0.285 | |
| 是否披露内控评价报告 | | 0.684 |

### 2. 相关性分析

本章选用方差膨胀因子（*VIF* 值）以及斯皮尔曼相关性矩阵两种方法分别对财务指标和非财务指标进行相关性分析，判断其是否存在自变量之间多重共线性的干扰。

（1）财务指标变量间的相关性分析。根据表 6-12，财务指标变量的方差膨胀因子 *VIF* 值最大为 8.509，且均小于 10，说明财务指标变量之间不存在多重共线性的干扰。

表 6-12　财务指标变量方差膨胀因子检验

| 财务指标变量 | *VIF* 值 | 财务指标变量 | *VIF* 值 |
|---|---|---|---|
| 流动比率 | 3.052 | 净资产收益率 | 4.723 |
| 速动比率 | 3.607 | 营业毛利率 | 1.542 |
| 现金流量负债比 | 2.632 | 营业利润率 | 3.237 |
| 资产负债率 | 3.255 | 净利润现金含量 | 2.137 |
| 产权比率 | 3.451 | 营业收入现金含量 | 1.194 |
| 应收账款周转率 | 1.231 | 全部资产现金回收率 | 3.338 |
| 存货周转率 | 1.379 | 总资产增长率 | 1.597 |
| 固定资产周转率 | 1.574 | 净资产收入增长率 | 2.537 |
| 非流动资产周转率 | 1.718 | 利润总额增长率 | 4.327 |
| 总资产净利润率 | 8.509 | 营业利润增长率 | 4.265 |
| 资产报酬率 | 6.212 | 营业收入增长率 | 1.555 |

（2）非财务指标变量间的相关性分析。根据表 6-13，非财务指标变量的方差膨胀因子 *VIF* 值最大为 1.169，且均小于 10，说明非财务指标变量之间不存在多重共线性的干扰。同时，由表 6-14 可知，非财务指标变量之间的相关系数均小于 0.2。综合以上两种检验方法，说明非财务指标变量之间不存在多重共线性的干扰。

表 6-13　非财务指标变量方差膨胀因子检验

| 非财务指标变量 | *VIF* 值 | 非财务指标变量 | *VIF* 值 |
|---|---|---|---|
| 供应商集中度 | 1.031 | 是否存在移送司法机关处理事件 | 1.014 |
| 客户集中度 | 1.032 | 是否存在行政处罚事件 | 1.101 |
| 股份是否质押、冻结或托管 | 1.091 | 是否存在虚假记载或披露不实 | 1.137 |

续表

| 非财务指标变量 | *VIF* 值 | 非财务指标变量 | *VIF* 值 |
| --- | --- | --- | --- |
| 是否存在重大变更 | 1.038 | 是否存在偷税、欠税、抗税 | 1.017 |
| 是否存在同一实际控制人控制多家上市公司的情况 | 1.169 | 企业透明度是否及格 | 1.131 |
| 公司董事长与总经理是否为同一人 | 1.092 | 是否存在欺诈上市或内幕交易或违规买卖股票 | 1.054 |
| 负面新闻占比 | 1.003 | 是否存在违规担保 | 1.083 |
| 是否披露环境和可持续发展报告 | 1.014 | 是否擅自改变资金用途 | 1.017 |
| 是否存在环境违法事件 | 1.008 | 是否披露内控评价报告 | 1.019 |

### 3. 模型估计结果与分析

（1）随机森林模型预测分析。

1）利用显著性进行初步筛选后的 20 个财务指标对企业风险等级进行预测，按照 Bootstrap 方法从 7282 个训练样本中随机抽取 $i$ 种组合方式组成数据集 $A_i$，$i$ 的取值即为决策树的数量（n_tree），在 min_samples_split 设为 2，min_samples_leaf 设为 1 的情况下，从 40 到 100 利用超参数验证分别测试不同的取值对模型预测结果的影响。由输出结果可知，选择 $i=80$ 作为随机森林算法中决策树的数量，同时随机森林模型的正确率在决策树数量为 80 时达到最高，约为 82.3%，初步说明了模型的科学性与有效性。

## 表6-14　非财务指标变量相关系数矩阵

| 非财务指标变量 | 供应商集中度 | 客户集中度 | 股份是否质押、冻结或托管 | 是否存在重大变更 | 是否存在同一实际控制人控制多家上市公司的情况 | 公司董事长与总经理是否为同一人 | 负面新闻占比 | 是否披露环境和可持续发展报告 | 是否存在环境违法事件 | 是否存在移送司法机关处理事件 | 是否存在行政处罚事件 | 是否存在虚假记载或披露不实 | 是否存在偷税、欠税、抗税 | 企业透明度是否及格 | 是否存在欺诈上市或内幕交易或违规买卖股票 | 是否存在违规担保 | 是否擅自改变资金用途 | 是否披露内控评价报告 |
|---|---|---|---|---|---|---|---|---|---|---|---|---|---|---|---|---|---|---|
| 供应商集中度 | 1.000 | 0.159** | −0.024* | −0.009 | −0.016 | −0.001 | 0.020 | 0.045** | −0.012 | −0.011 | −0.005 | 0.027* | 0.008 | 0.037** | 0.014 | 0.014 | 0.004 | 0.003 |
| 客户集中度 | 0.159** | 1.000 | −0.038** | −0.036** | −0.030** | 0.020 | 0.007 | 0.033** | 0.005 | −0.014 | −0.011 | 0.002 | −0.008 | 0.020 | 0.019 | 0.009 | −0.005 | 0.002 |
| 股份是否质押、冻结或托管 | −0.024* | −0.038** | 1.000 | 0.062** | −0.247** | 0.090** | 0.000 | 0.000 | 0.002 | 0.018 | 0.033** | 0.085** | 0.009 | 0.081** | 0.095** | 0.036** | 0.015 | −0.027* |
| 是否存在重大变更 | −0.009 | −0.036** | 0.062** | 1.000 | 0.084** | −0.043** | −0.034** | 0.035** | −0.015 | 0.022 | 0.057** | 0.106** | 0.002 | 0.079** | 0.057** | 0.076** | 0.021 | −0.012 |
| 是否存在同一实际控制人控制多家上市公司的情况 | −0.016 | −0.030** | −0.247** | 0.084** | 1.000 | −0.285** | −0.015 | −0.015 | 0.017 | −0.016 | −0.012 | −0.042** | −0.023 | −0.021 | −0.070** | −0.019 | −0.031** | 0.013 |
| 公司董事长与总经理是否为同一人 | −0.001 | 0.020 | 0.090** | −0.043** | −0.285** | 1.000 | −0.006 | 0.024* | −0.015 | 0.006 | 0.003 | −0.009 | 0.002 | −0.009 | 0.019 | −0.017 | 0.022 | 0.001 |

续表

| 非财务指标变量 | 供应商集中度 | 客户集中度 | 股份是否质押、冻结或托管 | 是否存在重大变更 | 是否存在同一实际控制人控制多家上市公司的情况 | 公司董事长与总经理是否为同一人 | 负面新闻占比 | 是否披露环境和可持续发展报告 | 是否存在环境违法事件 | 是否存在移送司法机关处理事件 | 是否存在行政处罚事件 | 是否存在虚假记载或披露不实 | 是否存在偷税、欠税、抗税 | 企业透明度是否及格 | 是否存在欺诈上市或内幕交易或违规买卖股票 | 是否存在违规担保 | 是否擅自改变资金用途 | 是否披露内控评价报告 |
|---|---|---|---|---|---|---|---|---|---|---|---|---|---|---|---|---|---|---|
| 负面新闻占比 | 0.020 | 0.007 | 0.000 | -0.034** | -0.015 | -0.006 | 1.000 | -0.009 | 0.000 | 0.005 | -0.011 | -0.010 | 0.001 | 0.003 | -0.018 | -0.016 | 0.011 | 0.000 |
| 是否披露环境和可持续发展报告 | 0.045** | 0.033** | 0.000 | 0.035** | -0.015 | 0.024* | -0.009 | 1.000 | -0.027* | 0.024* | -0.019 | 0.009 | -0.011 | 0.049** | 0.006 | -0.001 | -0.012 | -0.075** |
| 是否存在环境违法事件 | -0.012 | 0.005 | 0.002 | -0.015 | 0.017 | -0.015 | 0.000 | -0.027* | 1.000 | -0.007 | 0.025* | -0.018 | -0.005 | -0.015 | 0.012 | 0.001 | -0.005 | 0.069** |
| 是否存在移送司法机关处理事件 | -0.011 | -0.014 | 0.018 | 0.022 | -0.016 | 0.006 | 0.005 | 0.024* | -0.007 | 1.000 | 0.069** | 0.022 | -0.003 | 0.091** | -0.007 | -0.006 | -0.003 | -0.009 |
| 是否存在行政处罚事件 | -0.005 | -0.011 | 0.033** | 0.057** | -0.012 | 0.003 | -0.011 | -0.019 | 0.025* | 0.069** | 1.000 | 0.198** | 0.119** | 0.184** | 0.101** | 0.152** | 0.009 | 0.017 |
| 是否存在虚假记载或披露不实 | 0.027* | 0.002 | 0.085** | 0.106** | -0.042** | -0.009 | -0.010 | 0.009 | -0.018 | 0.022 | 0.198** | 1.000 | 0.014 | 0.219** | 0.158** | 0.167** | 0.120** | 0.034** |

续表

| 非财务指标变量 | 供应商集中度 | 客户集中度 | 股份是否质押、冻结或托管 | 是否存在重大变更 | 是否存在同一实际控制人控制多家上市公司的情况 | 公司董事长与总经理是否为同一人 | 负面新闻占比 | 是否披露环境和可持续发展报告 | 是否存在环境违法事件 | 是否存在移送司法机关处理事件 | 是否存在行政处罚事件 | 是否存在虚假记载或披露不实 | 是否存在偷税、欠税、抗税 | 企业透明度是否及格 | 是否存在欺诈上市或内幕交易或违规买卖股票 | 是否存在违规担保 | 是否擅自改变资金用途 | 是否披露内控评价报告 |
|---|---|---|---|---|---|---|---|---|---|---|---|---|---|---|---|---|---|---|
| 是否存在偷税、欠税、抗税 | 0.008 | −0.008 | 0.009 | 0.002 | −0.023 | 0.002 | 0.001 | −0.011 | −0.005 | −0.003 | 0.119** | 0.014 | 1.000 | 0.016 | −0.012 | −0.005 | −0.002 | 0.015 |
| 企业透明度是否及格 | 0.037** | 0.020 | 0.081** | 0.079** | −0.021 | −0.009 | 0.003 | 0.049** | −0.015 | 0.091** | 0.184** | 0.219** | 0.016 | 1.000 | 0.112** | 0.217** | 0.015 | −0.036** |
| 是否存在欺诈上市或内幕交易或违规买卖股票 | 0.014 | 0.019 | 0.095** | 0.057** | −0.070** | 0.019 | −0.018 | 0.006 | 0.012 | −0.007 | 0.101** | 0.158** | −0.012 | 0.112** | 1.000 | 0.074** | 0.046** | 0.061** |
| 是否存在违规担保 | 0.014 | 0.009 | 0.036** | 0.076** | −0.019 | −0.017 | −0.016 | −0.001 | 0.001 | −0.006 | 0.152** | 0.167** | −0.005 | 0.217** | 0.074** | 1.000 | 0.023* | 0.003 |
| 是否擅自改变资金用途 | 0.004 | −0.005 | 0.015 | 0.021 | −0.031** | 0.022 | 0.011 | −0.012 | −0.005 | −0.003 | 0.009 | 0.120** | −0.002 | 0.015 | 0.046** | 0.023* | 1.000 | 0.009 |
| 是否披露内控评价报告 | 0.003 | 0.002 | −0.027* | −0.012 | 0.013 | 0.001 | 0.000 | −0.075** | 0.069** | −0.009 | 0.017 | 0.034** | 0.015 | −0.036** | 0.061** | 0.003 | 0.009 | 1.000 |

注：*、**、***分别表示在10%、5%、1%的水平下显著。

2）变量重要性排序。基于随机森林模型的训练结果探讨20个财务指标的相对重要性。由6-15表可知，排名前三位的指标分别为：流动比率（权重系数为0.093671）、营业收入现金含量（权重系数为0.070782）、存货周转率（权重系数为0.067659）。与其他财务指标相比，这三项指标对于企业风险等级的判断明显强于其他指标，说明企业应更加注重这三项指标对企业发展的影响。

**表6-15　各财务指标的相对重要程度**

| 排名 | 财务指标 | 权重系数 |
|---|---|---|
| 1 | 流动比率 | 0.093671 |
| 2 | 营业收入现金含量 | 0.070782 |
| 3 | 存货周转率 | 0.067659 |
| 4 | 速动比率 | 0.066713 |
| 5 | 应收账款周转率 | 0.063640 |
| 6 | 总资产增长率 | 0.061296 |
| 7 | 营业收入增长率 | 0.059699 |
| 8 | 产权比率 | 0.056110 |
| 9 | 净资产收入增长率 | 0.053598 |
| 10 | 非流动资产周转率 | 0.052834 |
| 11 | 资产负债率 | 0.051404 |
| 12 | 营业毛利率 | 0.050759 |
| 13 | 全部资产现金回收率 | 0.048578 |
| 14 | 营业利润增长率 | 0.032819 |
| 15 | 总资产净利润率 | 0.031163 |
| 16 | 现金流量负债比 | 0.030169 |
| 17 | 资产报酬率 | 0.029631 |
| 18 | 利润总额增长率 | 0.028945 |
| 19 | 净资产收益率 | 0.027200 |
| 20 | 营业利润率 | 0.023329 |

（2）不同模型预测效果对比。在以同一份样本数据作为训练集和测试集的情况下，分别采用随机森林、逻辑回归和神经网络三种常用的分类器进行对比试验，结果为：随机森林、逻辑回归和神经网络模型的准确率分别为 82%、65%、66%，精确率分别为 80%、43%、54%，召回率分别为 78%、33%、40%。通过对比可知，随机森林模型的准确率、精确率和召回率都在 80% 左右，且远高于逻辑回归模型和神经网络模型，所以随机森林模型在企业风险等级预测中更具可靠性。

本章从构建全方位多层次的风险因子体系出发，运用神经网络、随机森林和逻辑回归等算法，设计人工智能企业金融授信融资风险预测及风险防控模型，综合分析企业风险，以期为银行授信放贷提供可借鉴的依据和标准，从而推动供应链金融风险预测及风险防控服务向主动化、个性化、智慧化的方向发展。本章的研究主要有三个方面：一是对企业融资场景中金融风险影响因子及企业整体风险判别指标进行多维度研究分析，并总结归纳出一套更全面的企业风险评价指标体系；二是针对不同行业的评级对象、不同融资场景，加入体现行业特征和普适多行业、多场景的风险因子；三是通过大数据、人工智能等技术设计机器学习算法，通过多结果效应对比，建立供应链金融风险预测与风险防控的最优模型。

总体来看，将企业非财务指标纳入统计分析，可以构建一个更加全面、多样的企业金融风险预测模型。利用 Python 计算机模型与技术，将人工智能算法引入金融风险预测领域，模型评估结果与样本实际基本吻合，基于 BP 神经网络的金融风险评估模型具有良好的风险评估能力。运用机器深度学习得到的模型相对于人为评估，更具有准确性。通过 BP 神经网络得到的结果，能够更加接近企业真实的情况，与企业发生风险危机的现实情况大致相符。在财务指标方面，企业的发展能力、盈利能力占据较高的比例，对于企业的风险评估具有重要作用。在非财务指标方面，企业资信情况和企业履约情况对于企业的风险评估具有重要影响。因此，在考虑对企业进行投资前，需要着重评估企业的发展能力、盈利能力、企业资信情况以及企业履约情况。

第 7 章

# 互联网供应链金融风险监管机制与治理模式研究

宋华（2016，2017）提出风险管理机制要围绕业务闭合化、交易信息化、收入自偿化、管理垂直化、风险结构化、声誉资产化展开。互联网供应链金融风险管理要从供应链和金融两方面强化风险意识和管理。业务闭合化受宏观层面以及行业或区域性的系统风险影响。交易信息化要求系统不仅能够获取和分析供应链运营中直接产生的各类信息和数据，而且能实现信息全生命周期的管理，实现有效的信息治理。收入自偿化是指互联网供应链金融中所有可能的费用、风险等能够以确定的供应链收益或者未来收益覆盖。管理垂直化意味着需要对供应链活动实施有效的专业化管理，并且相互制衡，互不重复或重叠。风险结构化指的是需要在开展供应链金融业务的过程中，能合理地设计业务结构，并且采用各种有效手段或组合化解可能存在的风险和不确定性。声誉资产也称为声誉资本，在供应链金融创新中，声誉代表了企业在从事或参与供应链及其金融活动时的能力、责任和担当。

## 7.1 基于区块链的互联网风险监管机制

有效的信息治理需要建立起有效的信息源与信息结构。在第 4 章研究的互联网供应链金融行业协调创新及在线供应链技术支撑中，我们指出平台通过“物联+互联+行业”创建实时数据流监管动产，通过基于区块链的信用体系基础范式共享信用，建立一个价值链传递的互联网，低成本传输。

（1）在价值链建设的过程中，通过“区块链+物联网+互联网+人工智能”的技术平台辅助实现整个价值链的效率，处理信息源、接受地以及信息管理者之间的均衡关系。数据即效益，许多企业在信息化发展后却形成了信息孤岛，数据无法体现出真实价值，还存在用户数据泄露的危机。“区块链+物联网+互联网+人工智能”结合使用，利用区块链可以获得相关大数据信息，物联网可以提供实时准确的物流信息，互联网可以提供相关交易往来、与个人征信相关的大数据信息。而作为平台管理者，则需要通过相关算法模型，将从不同渠道获取的大数据信息进行整合、挖掘，并生成可以用于评价借款方资信的报告。区块链打破中心化架构下数据被部分机构垄断的现象，加密算法有效保护了用户数据隐私，解决了信任问题，促进了双方达成交易。核心企业的信用在区块链上传递，有效提高了融资效率并降低了融资成本，同时降低了供应链上下游的履约风险。

（2）通过 IT 技术以及评估模型的不断改进，保障信息的持续、实时、真实、可靠。供应链中多家企业的参与，容易造成信息失真。IT 技术的应用可以促进信息持续地产生、推进和应用。特别是区块链与物联网、在线交易平台的使用，促进网络合作成员参与方与外部管理方之间的信息分享和管理改进。

1）基于区块链和物联网的企业合作机制。互联网供应链金融服务首先是共享数据服务，要解决供应链上中小微企业信息的客观采集和有效的信用描述问题。因此，供应链行业协会或政府部门可督促企业加入区块链和物联网体系、ERP 云平台，从而标准化自己的行业，使各个利益相关方的数据进行实时传输和信息共享，形成行业或产业内的金融图谱，实现共赢。

2）区块链电子订单和票据监管与物联网货物信息监管同步机制。电子订单和票据在区块链上运行，保证了数据不可篡改，避免了订单或票据等的重复质押。而物联网货物信息与区块链电子订单和票据一一对应，可以实现信息同步，保证货物交付以及订单和票据的真实性和合理性。

3）建立基于区块链的信息互联互通机制。各互联网金融机构、金融监管部门、政府相关部门、公检法部门要明确金融风险处置职能部门和联络员，保持信息互联互通。出现金融风险事件后，各金融机构要在第一时间向金融监管部门报告，报告内容包括：涉险企业基本情况、互联网金融机构授信情况、风险成因及初步处置意见等，由金融监管部门向金融风险处置单位通报情况。公检法部门要及时向互联网金融机构及金融监管部门通报金融风险案件的立案、查处、审判、执行等相关情况和办理进度。

4）基于区块链及复杂网络技术，建立声誉资产化评估体系，避免重复担保。传统商业银行处理担保圈问题，主要依赖于银行内部的担保企业信息，因而具有局部性，且往往由于无法获取全局担保信息而无法了解整个担保圈相关企业的详细信息。所建构的信用风险模型并没有考虑到担保圈的结构和关联关系对风险的影响。往往存在“三套行为”(套利、套汇、套税)、“重复或虚假保单”“自保自融”“一女多嫁”等行为，特别是“一女多嫁”现象，借款企业凭借自身的资产或业务从多方骗取资金，增大了融资的风险。存在这种现象的原因往往是不同金融机构或供应链之间难以做到信息共享，借款方容易利用自身的业务或资产从不规范的民间借贷机构套取资金。针对这些现象，政府机构可以作为第三方促进互联网供应链金融平台、供应链企业、公共机构等相关利益方，建设在线网络支持下的供应链金融信息共享平台；促进本研究设计的模型在区块链、物联网的应用，将声誉资产化，在资产化评估体系中全面、系统、客观地反映借款企业的综合声誉和信用。

## 7.2 基于成本控制与收入自偿化的评估机制

(1) 实现交易信息化建设，降低信息获取成本。创建在线网络支持下的供应链金融网络平台，需通过信息技术的优化，实现信息获取、处理成本可控。为确保供应链业务的真实性，区块链平台需能够有效、真实地记录交易凭证、单据，物联网记录供应链运营状态、货物流转动态等数据，确保交易的真实性。信息处理模型能清晰地获取、处理、计算销售数据、运营能力、库存周转率等指标。通过 IT 系统的设计，避免在数据获取中出现多重数据、虚假数据、虚假交易等。

1) 流水交付与额度控制机制。根据互联网供应链金融风险评价方案确定融资企业的授信额度，将授信额度拆分为多次拨付，非一次性放款给融资企业。如基于区块链的订单融资和贸易数据融资等项目，根据融资企业的订单完成情况，由融资企业分批次缴纳保证金后，互联网供应链金融机构再按分批次的额度放款给融资企业。

2）制定精准化运营的服务制度。互联网供应链金融平台应制定细分领域内的业务内容，提供相应的预审服务和贷后的补充管理工作。通过互联网供应链金融平台相关的子系统获取细分领域里的商流、物流、信息流、资金流的动态数据，基于数据分析开展相应的金融服务。

（2）动态分析财务数据，建立收入自偿化评估机制。为防范借款人出现无法还款、恶意违约等现象，互联网供应链金融平台需要判断借款人业务中所有可能的费用和风险是否能够以确定的供应链收益或者未来收益来覆盖，是否能够实现收入自偿化。因此，需要结合时间因素、借贷时长等动态分析供应链运营中相应货物、要素的变现能力，分析影响变现和收益的因素，如供应链产品的价格、价值风险、销售风险等。借贷时间越长，风险越大。对于借贷时间较长的，可以采用上文提到的流水交付与额度控制机制来促进中小企业收入自偿化。

## 7.3　促进互联网供应链金融行业间的协调发展机制

（1）互联网供应链金融模式：基于未来潜力的大数据信用评估。传统的供应链金融规避信用风险的基本思想是比较借款企业信用历史资料与数据库中全体借款企业的信用习惯，检查借款企业的发展趋势与经常违约、随意挪用借款甚至申请破产等各种陷入财务困境的借款企业的发展趋势是否相似。通常考察借款企业的过去交易信息、借贷信息。随着大数据的应用以及信贷业务的进一步开展，本书的研究指出对借款企业未来的分析将被更好地运用于中小微企业贷款市场上。中小微企业如果保持正常运转，就能够不断带来收益，信用评估模型真正关注的不仅是借款企业过去的行为，更重要的是该企业未来的状况，即在未来该企业是否具有发展潜力。借款企业的交易记录、在线平台交易量、产品质量、市场前景等指标，都会影响判断该企业未来是否有较好的还款能力，指标越好越有可能在互联网供应链金融平台获得贷款。

通过对数据的多角度机器集成学习，多种模型的多角度综合分析，评价借款企业是否能够获得贷款，以及对应的贷款金额、相关的利率等。在评估借款企业时，由于其在供应链中所处的位置以及借款性质不同，如应收账款融资、订单融资、库存融资等，供应链金融平台的关注点会有所不同。

（2）成立行业协会，促进大型电商平台、行业电子交易平台等与互联网供应链金融平台合作，形成平台化发展思路。风险管理应独立于业务体系，并适应业务体系结构。互联网供应链金融机构风险管理人员可能缺乏对业务的深入了解和市场意识，对业务风险的认识难免出现偏差，因此，需要加强跨部门的沟通渠道和机制，从而保障风险控制的有效性和效率。

在本书第 4 章提出的互联网供应链金融行业协同创新模式中，需要各行业都充分利用互联网、物联网、区块链等技术加快流通效率，提高渠道和平台效应，打造新的商业模式。信息共享对于提高信息透明度、减少信息不对称尤为重要。而现有的具有公信力的央行征信系统、互联网征信机构、第三方机构已初具规模。物联网与区块链场景下的征信和传统意义上以个人和企业为信用主体的征信又有所不同，信用主体可能是带有一定智能性的智能终端。

虽然国内供应链金融中物流、银行、企业基本已完成了各节点的信息化、网络化建设，但随着物联网、区块链技术的推广与应用，会基于此出现越来越多的经济形态及商业交易场景，相关的征信问题也将凸显。飞速发展的大数据、云计算、人工智能、物联网、区块链技术推动着征信业的发展。因此，需要政府促进利益方共同推进，可成立相关的行业协会，促进大型电商平台、行业电子交易平台等与互联网供应链金融平台合作，制定供应链金融行业信息共享机制。在第 4 章提出的基于区块链和物联网的互联网供应链金融模式中，利用征信模式进行行业信息共享的模块可进一步展开，如图 7-1 所示。互联网供应链金融平台从央行征信系统、行业内不同的企业、第三方独立机构等获取数据进行匹配整合和挖掘，生成不同层次和类型的信息产品。

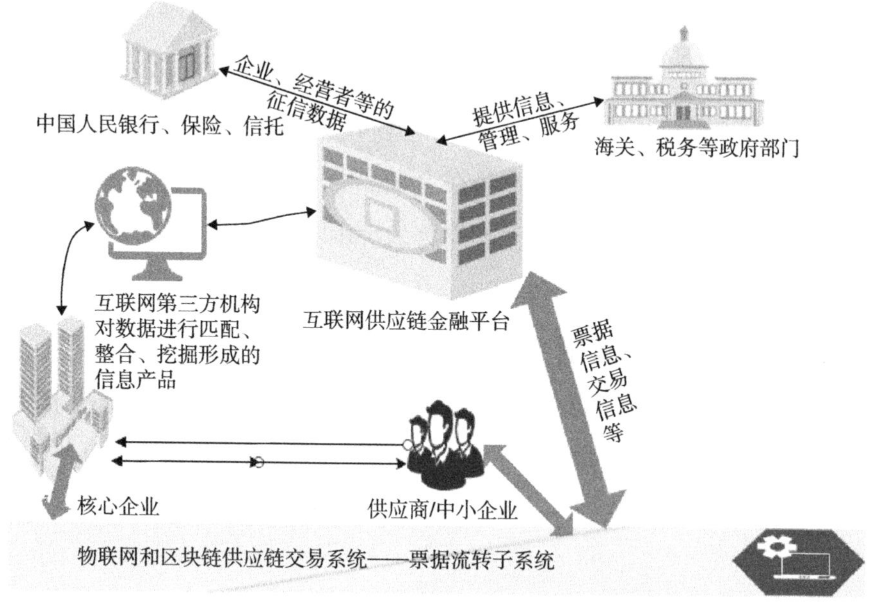


**图 7-1　行业信息共享模式**

（3）发展智能数据管理和分析技术，推进区块链、物联网在互联网供应链金融中的应用。互联网供应链金融开展业务的基础是需要强大的智能管理和分析技术。信贷模型的输入依赖于申请者提交的相关申请文件以及交易平台中的历史数据，信贷评分则需要通过模型来决定对方是否可以通过，评估借款企业属于哪个信用等级。

本书提出的模型，区块链在金融层面的应用主要是支付清算和数字票据。在区块链中进行支付，交易双方直接进行，不涉及中间机构，且附有相关的智能合约进行认证。数字票据则需要结合区块链技术和票据的属性、法规、市场，开发出相应的票据形式，在区块链中实现票据价值传递的去中心化。此外，区块链中数据加盖时间戳不可篡改，使得监管成本大大下降，且具有可追溯性，易于监管的控制。

区块链和物联网在供应链产业活动层面上，主要涉及权益证明和物流运作证明，保证供应链运营中的产品或货物的权属清晰。通过区块链和物联网的综合使用，对供应链中的物流活动进行有效的记录和证明，全面反映不同节点物流单元的变化及去向。

区块链、物联网技术无论是在金融活动中的应用，还是在产业活动中的应用，其最终目的是建立起完善的去中心化信用体系。区块链技术依靠程序算法自动记录海量信息，并存储在区块链网络中，信息透明，篡改难度高，使用成本低，使输入评估模型的数据实时且真实可靠。供应链金融平台可通过调取区块链中的相应数据，结合其他相关数据，完成全部征信工作。

## 7.4 加强行业监管机制与保险制度

尽管在开展互联网供应链金融业务的过程中，合理设计业务结构，结合各种评估方法可在一定程度上化解可能存在的风险和不确定性，但互联网供应链金融风险是供应链风险与金融风险以及互联网风险的三重叠加，因此具有高度复杂性。操作风险、模式风险、流程风险、合规风险在互联网供应链金融中尤为突出。

宋华（2016）提出应对供应链金融风险管理体系需做到“四个分离”，即业务审批与业务操作相互制约、彼此分离，交易运作和物流监管分离，开发（金融业务的开拓）、操作（金融业务的实施）、巡查（金融贸易活动的监管）分离，经营单位与企业总部审议分离。

在开展互联网供应链金融业务初期，中小企业为了形成良好的交易记录、形成自身品牌效应以及在供应链中形成良好的合作机制，互联网金融服务提供者往往会对合作企业进行严格的资格审核以及风险控制。一旦获得融资后，经营者为了扩大规模，可能盲目扩大或扩张经营领域，互联网金融服务提供者也会放松对借款企业后期借款的资格审查及业务监控，特别是对于不在同一地理位置的借款企业，最终容易形成互联网供应链金融风险。

因此，在宋华（2016）提出的管理体系做到“四个分离”的基础上，我们提出“四个监管”。

（1）通过区块链、互联网在线交易平台监管业务审批与业务操作。建立智能合约机制，以程序代替合同，约定的条件一旦达成，网络自动执行合约。金融活动由交换数据变为交换代码。

（2）通过区块链、物联网监管交易运作与货物物流状态。建立互联网透明机制，账号全网公开而户名匿藏，交易不可逆转且交易由第三方记账。

（3）通过信息公开机制监管金融业务的开拓、实施以及金融贸易活动。建立工作量证明机制及社交网络互评机制。对于特定的供应链金融战略，制定相应的管理资源体系，明确工作协调沟通渠道、利益分配等，建立相关工作证明机制，确保管理结构清晰、责任义务明确。通过信息公示平台、社交网络互评机制，监管各利益相关方在互联网供应链金融各业务开展过程中，是否遵循法律法规、监管要求、自律性组织制定的相关准则、业务活动的行为准则等。

（4）通过整合供应链管理系统及去中心化，监管经营单位与企业总部审议制度。从政府层面整合数据与信息平台，建立互联网共识机制、标准化机制，加强互联网供应链金融运营保障体系，建立电子化交易平台，以共识来确保正确，而无须甄别好坏。建立合作监管方的准入机制，通过密码学公钥和私钥工具，根据业务需求及使用场景的不同设置公链、私链、联盟链等。

此外，建立互联网供应链金融保险制度，完善风险预警、应急管理及预警后的响应流程。前文提出的各种监管机制的建立以及互联网供应链金融行业协调创新模型及相关技术支撑模型，较好地提供了及时发现受信人的经营状况及行业景气度的观察窗口，为互联网金融平台授信的预警和对突发事件的应急创造了必要条件。不同的风险评价模型以及风险监管机制对风险分散能力不尽一致。风险预警是一个风险发现机制，从机制的设计看，提出的预警信号覆盖了大部分的风险信号，因此我们需要给出不同预警信号的合理解释。出现不利于信贷资金安全的变化，借款企业进入互联网供应链金融机构的关注名单，采取相应的措施，如增加检查频率、暂停授信额度等。保险业务的发展可以作为分散互联网供应链金融风险的手段之一。对突发事件可危及供应链金融业务安全的，如停产、停工、无法与企业高管取得联系等，应采取暂停授信、冻结资产、启用法律程序等应急方案。

## 7.5 加强金融风险评估机制建立

相关政策部门健全民营中小企业增信制度，出台政策，支持地方征信平台、企业征信机构、数据源单位等的征信数据上链共享。

对于地方政府而言，推出鼓励性引导政策，鼓励基金、各投资机构设立宽松的放贷、投资政策，帮助企业，特别是低风险企业拓宽融资渠道，扩大生产规模，壮大生产，提升经济效益。

对于金融评估机构和个人投资者而言，使用 BP 神经网络或随机森林的金融授信评估模型具有机器学习的优势，相对于传统的金融风险评估模型，其准确率有很大的提升。金融评估机构以及个人投资者在本书提出的模型的帮助下，能够更快、更准确地识别高金融风险企业。

企业可以采取以下具有针对性的措施降低金融风险，提高企业存活与盈利的概率。

（1）注重企业的发展能力，合理扩大生产能力，增加销售收入；稳健地扩大资产规模，提高总资产利用效果；提高净收益增长率。

（2）注重提高企业的盈利能力，严格加强企业内部的成本控制；积极开拓经营活动；提高经营管理水平，制定切合实际的经营管理制度。

（3）加强企业内控，注重企业资信情况和履约情况管理，避免出现失信行为、披露虚假信息、偷税漏税、欺诈上市、违规担保、挪用资金等情况。

（4）特别需要注意企业的负债能力分析和偿债能力分析，实时监控企业的负债水平、负债结构和负债原因，将资产负债率控制在较为合理的水平，将长期偿债风险控制在可控范围内，禁止出现资不抵债的行为。

# 第 8 章

# 结　论

贸易融资是化解中小企业融资难、融资贵问题的有效途径。互联网网状的链接来自多个产业的交叉，未来如果能够打通多个核心企业及其上下游产业链，获得不同链条之间应收账款的连接关系，“沉淀数据”就可以产生很多价值。物联网与区块链、大数据和人工智能技术（如机器学习、神经网络和数据挖掘）的结合使用，对供应链和物流的积极影响越来越大。

金融科技应用于供应链金融，可以缓解信息不对称和交易成本过高等问题。AI 技术，包括计算机视觉、文字识别、机器人流程自动化、自然语言处理等，将广泛应用于供应链金融各个流程，提高审核效率，提升用户体验，降低运营成本，控制资产风险。大数据在供应链中的应用，有利于实现风险分析、智能风控，解决供应链中的信息不对称、交易成本过高等问题。

区块链具有去中心化、存证、防篡改的特性，在供应链金融中为证实贸易的真实性提供了有效途径。云计算一方面可以降低企业运营成本，还可以通过打通企业间的 IT 系统，保证金融交易和数据的真实性。使用物联网的制造企业可以通过更好的产品设计、更高的效率、更低的成本和引入新的收入来源来优化其商业模式。如果制造商首先确定自己的目标，进行技术评估，制定战略，形成联盟，并进行试点和全面实施，那么它们可以更好地使用物联网。在优化商业模式和提高整体性能方面，物联网有可能成为工业企业的游戏规则改变者。该框架通过结合实施活动审查可能出现的挑战和使能因素，就如何应用工业物联网（IIoT）进行实时监控并提供指导，从而填补了文献中的空白。

本书首先对互联网供应链金融体系的相关运营模式进行了分析，提出大数据支持下的互联网供应链金融运营模式，基于互联网平台，面向中小微企业融资。然后指出互联网供应链金融风险控制因素、相关的风险控制技术，结合互联网与供应链金融的特点，提出相关的贷前风险评估模型、贷中风险控制模型、企业征信评判方法、资金审批决策模型及授信模式等。

基于风控因素—风控技术—风控模型，本书提出可有效实施的在线网络支持下的供应链金融技术网络平台，通过互联网供应链金融信息共享平台的建立，并用大数据进行风险监控，实现金融服务、金融营销、授信流程及风险管理互联网化，同时推动供应链运转效率的提升。互联网供应链金融应向平台化趋势发展，通过平台经济模式搭建一个产融结合的生态系统，其中区块链可以提供一定程度的问责性和保证，通过寻找更多的物联网解决方案来整合区块链和未来的安全分布式数据库迭代，以挖掘这些优势并改善其价值主张。

由于互联网供应链金融仍处于起步阶段，平台建设主要集中在互联网巨头，未能获取企业相关贸易数据，本书设计的平台建设集中于通过理论论证其可行性。本书提出的相关监管机制、共识机制，涉及供应链金融一系列流程管理，企业需根据自己的具体情况调整参数，如可在实施过程中制定适合联盟成员的稳定的、完整的、能处理异常情况的共识机制。

供应链金融接入后，往往带来的是整个供应链的优化和整个供应链生态的活跃。虽然当前供应链金融发展迅速且市场潜力巨大，但不是所有行业都可以涉及供应链金融，只有当核心企业具备大行业、弱上下游企业、强控制力、低成本和标准化五大要素时，才能更好地发展供应链金融。要使大型机构真正将区块链、平台化的实施方案作为生产交易应用，必须切实解决数据同步的稳定性和一致性问题，需要政府重视、资本关注、产业有内在需求。

互联网供应链金融除了提供贷款服务，如何更好地提升用户黏性和单一用户的附加值，仍是需要进一步解决的议题。

# 参考文献

包青岭，丁建丽，王敬哲，等，2019．基于随机森林算法的土壤有机质含量高光谱检测［J］．干旱区地理，42（6）：1404-1414.

陈游，2017．大数据背景下商业银行在线供应链金融的发展策略［J］．中国内部审计（6）：88-93.

程雪军，2023．金融科技平台算法黑箱的国际规制与中国因应［J］．国际经济法学刊，79（2）：26-44.

戴军，2023．产业供应链金融创新研究［M］．延吉：延边大学出版社.

戴文哲，2019．创新中小企业融资创新研究：通过众筹融资渠道［J］．全国流通经济（13）：18-19.

戴昕，2021．供应链集中度对流通企业发展的影响效应［J］．商业经济研究，832（21）：25-28.

段翀，刘忻梅，2014．基于 CCSD 模型的上市企业信用风险评价研究［J］．征信，32（3）：14-18，52.

樊春明，梅盼盼，2016．互联网供应链金融的风险管理对策［J］．商（35）：208.

范柏乃，朱文斌，2003．中小企业信用评价指标的理论遴选与实证分析

[J]. 科研管理 (6): 83-88.

方光正，李竟成，2017. 我国新闻出版上市公司成长性分析 [J]. 科技与出版，276 (12): 80-84.

方慧莲，余金凤，许昱，2015. 非财务因素对电子商务供应链金融信用水平影响的实证研究 [C]. 管理科学与工程学会 2015 年年会暨第十三届中国管理科学与工程论坛：152-161.

方匡南，范新妍，马双鸽，2016. 基于网络结构 Logistic 模型的企业信用风险预警 [J]. 统计研究，33 (4): 50-55.

房引宁，2018. 流域综合治理 PPP 项目核心利益相关者利益诉求与协调研究 [D]. 杨凌：西北农林科技大学.

高心琴，2021. 基本文本信息挖掘的年报文字语气与企业业绩的关系研究 [D]. 上海：上海财经大学.

郭慧，2019. 年报文字语气的影响因素及经济后果：基于公司未来展望披露的文本分析 [D]. 上海：上海交通大学.

郭菊娥，史金召，王智鑫，2014. 基于第三方 B2B 平台的线上供应链金融模式演进与风险管理研究 [J]. 商业经济与管理 (1): 13-22.

韩平，2010. 中小企业板上市公司成长驱动因素研究 [J]. 财政监督，179 (18): 45-46.

韩嵩，李晓俊，2021. 融合互联网文本大数据的上市企业信用评价 [J]. 统计学报，2 (5): 72-81.

何昇轩，沈颂东，2016. 基于第三方 B2B 平台的线上供应链金融风险评估 [J]. 东南学术 (3): 139-147.

胡慧慧，傅为忠，2016. 基于改进灰色关联度方法的互联网供应链金融风险评价 [J]. 武汉金融 (3): 51-55.

胡乐明，杨虎涛，2022. 产业发展战略选择的内在逻辑：一个连接演进的解析框架［J］. 经济研究，57（6）：45-63.

胡胜，2011. 距离判别方法在我国上市公司信用风险评估中的应用研究［J］. 开发研究（3）：158-160.

黄丹，2012. 线上供应链金融操作风险管理研究［D］. 武汉：武汉理工大学.

黄建，刘仲武，吉祥雨，等，2023. 基于层次分析法的铁路施工企业综合能力评价指标体系研究［J］. 现代城市轨道交通（4）：111-115.

黄锐，陈涛，黄剑，2016. 互联网供应链金融模式的构建：基于核心企业视角［J］. 韶关学院学报（社会科学版）（3）：72-77.

黄锐，陈涛，黄剑，2016. 中国互联网供应链金融模式比较研究［J］. 广东外语外贸大学学报（3）：5-12.

李礼，2012. 我国中小企业网络融资风险管理研究［D］. 长沙：中南大学.

李双燕，蒋丽华，卞舒晨，2023. 年报文本情绪与上市公司违规行为识别：基于机器学习文本分析方法的实证研究［J］. 当代经济科学（6）：97-109.

李祥红，2020. 债券违约背景下政府因素对中低评级民企债券中债估值影响的研究［D］. 北京：对外经济贸易大学.

李阳，李硕，井丽巍，2020. 基于贝叶斯模型与机器学习算法的金融风险网络评估模型［J］. 吉林大学学报（工学版），50（5）：1862-1869.

李越冬，干胜道，2010. 舆论财务监督在公司治理中的作用［J］. 会计之友（下旬刊），348（8）：96-98.

零壹研究院，2016. 中国 P2P 借贷服务行业发展报告：2016［M］. 北京：中国经济出版社.

刘博，2022. 基于机器学习算法的金融市场趋势预测研究［J］. 现代电子技术，45（9）：83-87.

刘新海，2016. 征信与大数据：移动互联时代如何重塑“信用体系”［M］. 北京：中信出版集团.

卢彦，纳兰，2016. 社群+：互联网+企业行动路线图［M］. 北京：机械工业出版社.

鲁柏杨，梅盼盼，2016. 基于模糊层次分析法的互联网供应链金融操作风险评估研究［J］. 时代金融（中旬）（12）：333-334.

马海芳，2017. 基于供应链金融视角的L市中小企业融资模式研究［D］. 北京：北京化工大学.

苗丽，2015. “互联网+供应链+金融”模式的内涵与应用分析［J］. 商业经济研究（33）：75-77.

苗子清，2023. 基于大数据方法的中国系统性金融风险监测和预警研究［D］. 北京：中国社会科学院大学.

纳拉亚南，等，2017. 区块链技术驱动金融［M］. 林华，王勇，译. 北京：中信出版社.

庞引明，张绍华，宋俊典，2016. 互联网金融与大数据分析［M］. 北京：电子工业出版社.

深圳发展银行-中欧国际工商学院“供应链金融”课题组，2009. 供应链金融：新经济下的新金融［M］. 上海：上海远东出版社.

史金召，郭菊娥，2015. 互联网视角下的供应链金融模式发展与国内实践研究［J］. 西安交通大学学报（社会科学版），35（4）：10-16.

舒歆，2015. 小微企业信用评级指标体系构建研究［J］. 金融理论与实践（5）：105-108.

斯万，2016. 区块链：新经济蓝图及导读［M］. 龚鸣，译. 北京：新星出版社.

宋华，2016．供应链金融［M］．2版．北京：中国人民大学出版社．

宋华，2017．互联网供应链金融［M］．北京：中国人民大学出版社．

宋华，陈思洁，2016．供应链金融的演进与互联网供应链金融：一个理论框架［J］．中国人民大学学报（5）：95-104．

田江，2021．供应链金融［M］．北京：清华大学出版社．

王宝森，王迪，2017．互联网供应链金融信用风险度量与盯市管理［J］．中国流动经济（4）：77-84．

王雷，2017．供应链金融："互联网+"时代的大数据与投行思维［M］．北京：电子工业出版社．

王蕾，张向丽，池国华，2019．内部控制对银行信贷风险的影响：信息不对称与代理成本的中介效应［J］．金融论坛（11）：14-23．

王茂光，朱子君，2017．基于神经网络模型的网络借贷高危企业信用风险的识别研究［J］．网络与信息安全学报，3（12）：1-7．

王普惠，2022．基于机器学习的量化投资决策研究与应用［D］．北京：北京邮电大学．

王文楠，2022．大数据背景下供应链金融风险管理研究［D］．南昌：江西财经大学．

吴泽宇，2017．浅谈人工智能在金融风险控制中的创新应用［J］．商场现代化（21）：113-114．

伍彬，刘云菁，张敏，2022．基于机器学习的分析师识别公司财务舞弊风险的研究［J］．管理学报，19（7）：1082-1091．

夏泰凤，蔡幸，2016．基于小微金融视角的互联网供应链金融研究［J］．经济研究参考（35）：92-95．

肖斌卿，黄金，瞿慧，2016．产业集群关联度、集群企业信贷可得与风险传染［J］．产业经济研究（2）：74-86．

谢蕾，许长新，卢小同，2014．供应链金融与互联网金融的比较研究［J］．会计之友（35）：86-88．

谢平，邹传伟，2012．互联网金融模式研究［J］．金融研究（12）：11-22．

幸丽霞，陈冬，林晚发，2017．企业避税行为与债券信用评级关系研究：基于避税风险观的中介效应视角［J］．中国软科学（12）：169-177．

熊熊，马佳，赵文杰，等，2009．供应链金融模式下的信用风险评价［J］．南开管理评论，12（4）：92-98，106．

许伟，2016．基于网络大数据的社会经济监测预警研究［M］．北京：科学出版社．

颜浩龙，王琳，2015．互联网金融视域下供应链金融模式创新研究［J］．财务与金融（3）：78-82，95．

杨馥，洪昆，2022．金融科技对商业银行信贷风险的影响及其机制研究［J］．金融发展研究（6）：66-73．

尹杞月，2012．中小企业融资难研究［D］．成都：西南财经大学．

袁昌劲，2014．互联网供应链金融的识别及概念构建［J］．北方经贸（3）：135．

张诚，李晓翠，2015．国际供应链金融模式与流程创新研究［J］．南方金融（3）：52-59．

张程，2018．基于 VaR 的煤炭企业金融风险与影响因素的关系研究［J］．煤炭工程，50（1）：157-160，163．

张帆，2014．中小企业网络融资研究［D］．石家庄：河北经贸大学．

周利敏，2020．面向人工智能时代的经济风险管理：兼论典型案例［J］．北京行政学院报（4）：85-92．

朱卫东，田雨绯，2015. 中小企业信用研究综述［J］. 财会通讯：上（10）：66-69.

HILPISH Y，2015. Python 金融大数据分析［M］. 姚军，译. 北京：人民邮电出版社.

ABDALLA S，NAKAGAWA K，2021. The interplay of digital transformation and collaborative innovation on supply chain ambidexterity［J］. Technology innovation management review，11（3）：45.

AGRAWAL P，NARAIN R，2023. Analysis of enablers for the digitalization of supply chain using an interpretive structural modelling approach［J］. International journal of productivity and performance management，72（2）：410-439.

ALI Z，BI G B，MEHREEN A，et al.，2020. Predicting firm performance through supply chain finance：a moderated and mediated model link［J］. International journal of logistics：research and applications，23（2）：121-138.

ALTMAN E I，SABATO G，2007. Modelling credit risk for SMEs：evidence from the U.S. market［J］. Abacus，43（3）：332-357.

ALTMAN E I，1968. Financial ratios，discriminant analysis and the prediction of corporate bankruptcy［J］. The journal of finance，23（4）. DOI：10.1111/j.1540-6261.1968.tb00843.x.

ANDERSON W E，MANSI S A，2009. Does customer satisfaction matter to investors? findings from the bond market［J］. Journal of marketing research（10）：703-714.

ARYAL A，LIAO Y，NATTUTHURAI P，et al.，2018. The emerging big data analytics and IoT in supply chain management：a systematic review

[J]. Supply chain management, 25 (2): 141–156.

BALIOS D, THOMADAKIS S, TSIPOURI L, 2016. Credit rating model development: an ordered analysis based on accounting data [J]. Research in international business and finance (38): 122–136.

BANERJEE A, LÜCKER F, RIES J M, 2021. An empirical analysis of suppliers' trade-off behaviour in adopting digital supply chain financing solutions [J]. International journal of operations & production management, 41 (4): 313–335.

BASU P, NAIR S K, 2012. Supply chain finance enabled early pay: unlocking trapped value in B2B logistics [J]. International journal of logistics systems and management, 12 (3): 334–353.

BECK T, DEMIRGUC-KUNT A, 2006. Small and medium-size enterprises: access to finance as a growth constraint [J]. Journal of banking & finance, 30 (11): 2931–2943.

BEN-DAYA M, HASSINI E, BAHROUN Z, 2017. Internet of things and supply chain management: a literature review [J]. International journal of production research, 57 (3): 1–24.

BERGER S C, GLEISNER F, 2009. Emergence of financial intermediaries in electronic markets: the case of online P2P lending [J]. Bur-business research, 2 (1): 39–65.

BLEI D M, NG A Y, JORDAN M I, 2003. Latent dirichlet allocation [J]. Journal of machine learning research, 3 (4–5): 993–1022.

BRINTRUP A, PAK J, RATINEY D, et al., 2020. Supply chain data analytics for predicting supplier disruptions: a case study in complex asset manufacturing [J]. International journal of production research, 58

(11): 3330-3341.

BUDIN M, EAPEN A T, 1970. Cash generation in business operations: some simulation models [J]. The journal of finance, 25 (5): 1091-1107.

BUZACOTT J A, ZHANG R Q, 2004. Inventory management with asset-based financing [J]. Management science, 50 (9): 1274-1292.

CHIU C H, CHOI T M, LI X, 2011. Supply chain coordination with risk sensitive retailer under target sales rebate [J]. Automatica, 47 (8): 1617-1625.

CHOD J, TRICHAKIS N, TSOUKALAS G, et al., 2020. On the financing benefits of supply chain transparency and blockchain adoption [J]. Management science, 66 (10): 4378-4396.

CHOUDHURY A, BEHL A, SHEOREY P A, et al., 2021. Digital supply chain to unlock new agility: a TISM approach [J]. Benchmarking: an international journal, 28 (6): 2075-2109.

CHU C Y, PARK K, KREMER G E, 2020. A global supply chain risk management framework: an application of text-mining to identify region-specific supply chain risks [J]. Advanced engineering informatics, 45. DOI: 10.1016/j.aei.2020.101053.

COUPPEY-SOUBEYRAN J, HÉRICOURT J, 2013. The impact of financial development on the relationship between trade credit, bank credit and firm characteristics [J]. Review of middle east economics and finance, 9 (2): 197-239.

DE KRUIJFF J, WEIGAND H, 2017. Understanding the blockchain using enterprise ontology [J]. International conference on advanced information systems engineering: 29-43.

DE VASS T, SHEE H, MIAH S, 2018. The effect of "Internet of Things" on supply chain integration and performance: an organisational capability perspective [J]. Australasian journal of information systems, 22. DOI: 10.3127/ajis. v22i0. 1734.

DING S, TUKKER A, WARD H, 2023. Opportunities and risks of internet of things (IoT) technologies for circular business models: a literature review [J]. Journal of environmental management, 336: 117662.

DONG C, CHEN C, SHI X, et al., 2021. Operations strategy for supply chain finance with asset-backed securitization: centralization and blockchain adoption [J]. International journal of production economics, 241. DOI: org/10. 1016/j. ijpe. 2021. 108261.

DONG C, HUANG Q, FANG D, 2023. Channel selection and pricing strategy with supply chain finance and blockchain [J]. International journal of production economics, 265.

DONG C, YANG Y, ZHAO M, 2018. Dynamic selling strategy for a firm under asymmetric information: direct selling vs. agent selling [J]. International journal of production economics, 204: 204-213.

ERDAL H I, EKINCI A, 2013. A comparison of various artificial intelligence methods in the prediction of bank failures [J]. Computational economics, 42 (2): 199-215.

ERSAHIN N, GIANNETTI M, HUANG R, 2024. Supply chain risk: changes in supplier composition and vertical integration [J]. Journal of international economics, 147: 103854.

FAN T, TAO F, DENG S, et al., 2015. Impact of RFID technology on supply chain decisions with inventory inaccuracies [J]. International journal of production economics, 159: 117-125.

FAYYAZ M R, RASOULI M R, AMIRI B, 2021. A data-driven and network-aware approach for credit risk prediction in supply chain finance [J]. Industrial management & data systems, 121 (4): 785-808.

GELSOMINO L M, MANGIARACINA R, PEREGO A, et al., 2016. Supply chain finance: a literature review [J]. International journal of physical distribution & logistics management, 46 (4): 348-366.

GHODSELAHI A, AMIRMADHI A, 2011. Application of artificial intelligence techniques for credit risk evaluation [J]. International journal of modeling and optimization, 1 (3): 243-249.

GOLPÎRA H, KHAN S A R, SAFAEIPOUR S, 2021. A review of logistics internet-of-things: current trends and scope for future research [J]. Journal of industrial information integration, 22. DOI: 10. 1016/j. jii. 2020. 100194.

GOMM M L, 2010. Supply chain finance: applying finance theory to supply chain management to enhance finance in supply chains [J]. International journal of logistics research and applications, 13 (2): 133-142.

GUO Y, FU Y, HAO F, et al., 2021. Integrated phenology and climate in rice yields prediction using machine learning methods [J]. Ecological indicators, 120. DOI: 10. 1016/j. ecolind. 2020. 106935.

GUPT D, WANG L, 2009. A stochastic inventory model with trade-credit [J]. Manufacturing & service operations management, 11 (1): 4-18.

HALEY C W, HIGGINS R C, 1973. Inventory policy and trade credit financing [J]. Management science, 20 (4): 464-471.

HOFMANN E, JOHNSON M, 2016. Supply chain finance (SCF) -some conceptual thoughts reloaded [J]. International journal of physical distribution & logistics management, 46: 1-8.

HOFMANN E, 2005. Supply chain finance-some conceptual insights [J]. Beitrage zu Beschaffung und Logistic, 1 (1): 203-214.

HOFMANN E, 2009. Inventory financing in supply chains: a logistics service provider-approach [J]. International journal of physical distribution & logistic management, 29 (9): 716-740.

JIANG G, 2007. Research on credit rating method based on BPNN [J]. Service systems and service management: 1-4.

JIANG W, 2012. The impact of the biomass crop assistance program on the United States forest products market: an application of the global forest products model [D]. Gainesville: The University of Florida.

KAPLAN S, SAWHENY M, 2000. E-hubs: the new B2B marketplaces [J]. Harvard business review, 78 (3): 97-106.

KIM H S, SOHN S Y, 2013. Support vector machines for default prediction of SMEs based on technology credit [J]. European journal of operational research, 201 (3): 838-846.

KOU G, CHAO X, PENG Y, et al., 2019. Machine learning methods for systemic risk analysis in financial sectors [J]. Technological and economic development of economy, 25 (5): 1-27.

KOUHIZADEH M, SABERI S, SARKIS J, 2021. Blockchain technology and the sustainable supply chain: theoretically exploring adoption barriers [J]. International journal of production economics, 231. DOI: 10.1016/j.ijpe.2020.107831.

KUMAR R L, PARK S, 2019. A portfolio approach to supply chain risk management [J]. Decision sciences, 50 (2): 210-244.

LI P, ZHAO X, 2024. The impact of digital transformation on corporate supply chain management: evidence from listed companies [J]. Finance research letters, 60: 104890.

LOMBARDI R, 2019. Knowledge transfer and organizational performance and business process: past, present and future researches [J]. Business process management journal, 25 (1): 2-9.

MOHANTY D K, PARIDA A K, KHUNTIA S S, 2021. Financial market prediction under deep learning framework using auto encoder and kernel extreme learning machine [J]. Applied soft computing (1). DOI: 10.1016/j.asoc.2020.106898.

MURRAY A, PAPA A, CUOZZO B, et al., 2016. Evaluating the innovation of the internet of things: empirical evidence from the intellectual capital assessment [J]. Business process management journal, 22 (2): 341-356.

NING L, YUAN Y, 2023. How blockchain impacts the supply chain finance platform business model reconfiguration [J]. International journal of logistics research and applications, 26 (9): 1081-1101.

ÖZTAYŞI B, BAYSAN S, AKPINAR F, 2009. Radio frequency identification (RFID) in hospitality [J]. Technovation, 29 (9): 618-624.

PERUSSI J B, GRESSLER F, SELEME R, 2019. Supply chain 4.0: autonomous vehicles and equipment to meet demand [J]. International journal of supply chain management, 8 (4): 33-41.

PFOHL H C, GOMM M, 2009. Supply chain finance: optimizing financial flows in supply chains [J]. Logistics research (1): 149-161.

PIAO C, ZHANG C, HAN X, et al., 2008. Research on credit evaluation model and algorithm for B2B e-commerce [J]. E-business engineering: 606-609.

REJEB A, SIMSKE S J, REJEB K, et al., 2020. Internet of Things research in supply chain management and logistics: a bibliometric analysis [J]. Internet of Things, 12 (1): 100318.

REJEB A, KEOGH J G, SIMSKE S J, et al., 2021. Potentials of blockchain technologies for supply chain collaboration: a conceptual framework [J]. The international journal of logistics management, 32 (3): 973-994.

REZAEE N, ZANJIRCHI S M, JALILIAN N, et al., 2023. Internet of things empowering operations management: a systematic review based on bibliometric and content analysis [J]. Telematics and informatics reports, 11. DOI: org/10. 1016/j. teler. 2023. 100096.

SANG B, 2021. Application of genetic algorithm and BP neural network in supply chain finance under information sharing [J]. Journal of computational and applied mathematics, 384 (11): 113170.

SONG Y, WU R, 2022. The impact of financial enterprises' excessive financialization risk assessment for risk control based on data mining and machine learning [J]. Computational economics, 60 (4): 1245-1267.

SYAFRUDIN M, ALFIAN G, FITRIYANI N L, et al., 2018. Performance analysis of IoT-based sensor, big data processing, and machine learning model for real-time monitoring system in automotive manufacturing [J]. Sensors, 18 (9): 2946. DOI: 10. 3390/s18092946.

TIMME S, WILLIAMS-TIMME C, 2000. The financial-SCM connection [J]. Supply chain management review, 2: 33-40.

TINOCO M H, WILSON N, 2013. Financial distress and bankruptcy prediction among listed companies using accounting, market and macroeconomic variables [J]. International review of financial analysis, 30: 394-419.

TORRES-RUIZ A, RAVINDRAN A R, 2018. Multiple criteria framework for the sustainability risk assessment of a supplier portfolio [J]. Journal of cleaner production, 172: 4478-4493.

TREIBLMAIER H, 2018. The impact of the blockchain on the supply chain: a theory-based research framework [J]. Supply chain management: an international journal, 23 (6): 545-559.

TREIBLMAIER H, MIRKOVSKI K, LOWRY P B, et al., 2020. The physical internet as a new supply chain paradigm: a systematic literature review and a comprehensive framework [J]. The international journal of logistics management, 31 (2): 239-287.

UTHAYAKUMAR J, METAWA N, SHANKAR K, et al., 2020. Intelligent hybrid model for financial crisis prediction using machine learning techniques [J]. Information systems and E-business management, 18 (4): 617-645.

WANG R, 2021. Application of blockchain technology in supply chain finance of Beibu Gulf region [J]. International wireless communications and mobile computing conference, 1860-1864.

WU K, LU Y, 2023. Corporate digital transformation and financialization: evidence from Chinese listed firms [J]. Finance research letters, 57: 104229.

XIAO P, SALLEH M I, ZAIDAN B B, et al., 2023. Research on risk assessment of blockchain-driven supply chain finance: a systematic review

[J]. Computers & industrial engineering, 176. DOI: 10. 1016/j. cie. 2023. 108990.

YANG C, FANG W, ZHANG B, 2021. Financing a risk-averse manufacturer in a pull contract: early payment versus retailer investment [J]. International transactions in operational research, 28 (5): 2548-2580.

YING H, CHEN L, ZHAO X, 2020. Application of text mining in identifying the factors of supply chain financing risk management [J]. Industrial management data systems, 121 (2). DOI: 10. 1108/IMDS-06-2020-0325.

ZHANG L, HU H, ZHANG D, 2015. A credit risk assessment model based on SVM for small and medium enterprises in supply chain finance [J]. Financial innovation, 1 (1). DOI: 10. 1186/s40854 - 015 - 0014-5.

ZHANG Y, TONG J, WANG Z, et al., 2020. Customer transaction fraud detection using xgboost model [C]. 2020 International conference on computer engineering and application (ICCEA): 554-558.

ZHEN X, SHI D, LI Y, et al., 2020. Manufacturer's financing strategy in a dual-channel supply chain: third-party platform, bank, and retailer credit financing [J]. Transportation research part E: logistics and transportation review, 133: 101820.

ZHU Q, GOLRIZGASHTI S, SARKIS J, 2021. Product deletion and supply chain repercussions: risk management using FMEA [J]. Benchmarking, 28 (2): 409-437.